探究するシェフ

～美味への創造力と情熱～

旭屋出版

深化するシェフ魂

「飽食の時代」言われて久しいが、実は、現代人のカロリー摂取量は、1970年代の高度成長期を境に下がってきているというデータがある。「おいしいもの」を求める一方、健康志向、美容意識が高まって、「食べるものを毎日、毎食、厳選している」のが現代人だ。

この健康志向に加え、食べ物への安心・安全志向は、「食の基盤」とも言える大きな潮流になっている。多くのシェフの探究心の、その根底にも、この二大潮流への意識がある。これまで主役にされにくかった野菜を生かしたスペシャリテづくりに注目するシェフが増えているのも、そのためだ。

シェフのこだわりに、科学的なアプローチがいろいろ垣間見れるのが、最近の傾向でもある。加熱温度、加熱法の種類、加熱環境の変化の違いとその組み合わせによって、食材の新しい食感・味わい・風味を創造しようと探究しているシェフが増えている。最新の調理機器の活用法を模索しながら、同じ食材でも、これまでにない味わいになる調理に挑戦するシェフが増えている。

「おいしいものを作りたい」という想いだけでは、新しい魅力料理は作れない。「おいしいものを食べてもらいたい」、「おいしいものを食べたときの、人が喜ぶ顔を見たい」という熱意があってこそ、料理への探究心はシェフの信念になる。

本書「探究するシェフ」に登場する料理は、いま活躍するシェフたちの信念が形になったものでもある。

Contents

探究するシェフ
～美味への創造力と情熱～

Contents

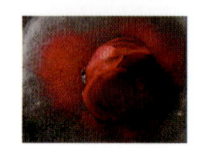

本書の表記と注意事項

●材料と作り方の表記は、各店の方法に従っています。

●作り方での加熱時間、加熱温度などは、各店で使用している機器での設定を表したものです。

●紹介する各シェフの料理は、お店で常時提供していないものもあります。なお、作り方は、2017年5月時のものです。各シェフとも日々、技術の向上を目指しています。

●スチコンは、本書では、水蒸気加熱は「スチームモード」、コンベクションオーブンでの加熱は「オーブンモード」、水蒸気加熱とコンベクションオーブン加熱の併用は「コンビモード」という表記で統一しています。

●大さじ＝15㎖、小さじ=5㎖、1カップ=200㎖です。

●作り方の分量のところに「適量」とあるものは、様子を見ながらや、そのつど味を決めるところです。

●各店の営業時間、定休日などのショップデータは、2017年9月現在のものです。

この、食材。

～シェフが探究する食材、挑戦する食材～

Quintessence
レストラン カンテサンス

オーナーシェフ
岸田周三

枯露柿(ころがき)。山梨のIsamu de Farmで作っている干し柿。
大きいものでは1個500gを超す枯露柿用の甲州百匁を減農薬で育て、
皮をむいて2段階の天日干ししたもの。
大きいので大味かなと思ったら、逆に他の柿では味わえない、
食感と甘さに岸田シェフは驚いたという。

枯露柿

食材に、
制約やルール
は設けない。

山梨の Isamu de Farm さんの枯露柿
北海道の湖水地方牧場 大樹農社
川島さんの作るリコッタチーズ

クレームダンジュは、フランスの伝統的なデザート。
フランスアンジュ地方の郷土料理で、フロマージュブランに生
クリームやメレンゲを合わせ、さらにガーゼで水切りをし水分
が下にたれて脱水され、おいしさを凝縮させたもの。
岸田シェフが作るクレームダンジュは、リコッタチーズの風味
を生かすために、あえてメレンゲの量を減らしている。
ペースト状にした枯露柿とピーカンナッツのキャラメリゼをあ
わせてクレームダンジュのソースのようなイメージで。

干し柿とリコッタチーズの
双方の良さが引き立つ

　この枯露柿は、生の柿をていねいに皮むきして、40日ほど吊るし干しと棚干しをして作る干し柿。40日干して1個100g前後もする大きさ。甘さが凝縮され、ネットリとした食感で、飴色で肉厚な果肉で、味わいも通常の干し柿とはかなり違う。枯露柿の表面にはびっしりと白い粉がついており、これは糖分の結晶で白い粉が多いほど甘くておいしい極上品。

　このリコッタチーズは通年作られているが、フレッシュチーズなので寿命が短く劣化が早い。北海道の湖水地方牧場の川島さんの作るリコッタチーズは風味が命なので、冷蔵庫に入れると香りや味わいや食感も失われることがあるので「冷蔵庫に一度も入れちゃダメ！」と言われるという。実際、できあがってから冷蔵庫に入れないですぐ味わうと、驚くほどおいしい。暑い時季は衛生的にも難しいが、涼ければ常温で送ってもらう。

　この極上の枯露柿と、極上のリコッタチーズは、双方がより引き立つ料理となるべく、シンプルに仕立てた。

試作したら、諦めずに
課題として残すように

　凄くシンプルなひと皿だけに「ひらめき」から生まれた料理のように見えるが、違う。岸田シェフも提供する一皿となるまでの試作にはいつも時間をかける。組み合わせる食材の双方の良さを引き出す、納得のいく一皿ができ上がるまで妥協は一切しない。このデザートも同様のプロセスを経て完成した。

　試作には、いろいろなアプローチの方法がある。それは、味の確認であったり、調理法の確認であっ

たり、素材の使い方を創造するためであったり。

　その中で岸田シェフが最も大切にしていることは、素材を重視した試作。

「いま食べているものが何なのか、わかる料理を大切にしています」

　岸田シェフは試作の段階から「素材の重視」を第一に考える。

　加工すればするほど、素材が持つ本来のおいしさから離れていく場合もあるので、そこが難しい点であるが、組み合わせるそれぞれの素材の良さを引き立てたり、寄り添うものができ上がるまで試作を繰り返すという。

たとえば、この枯露柿のようにフランスにはない食材でも、どんどんチャレンジする。

「自分の中で制約は設けたくないので、ヨーロッパのものであろうと日本のものであろうと、僕はおいしいものであれば何でも構わない。初めから自分のルール的に、これは使わないと決めることはない。どんなものでも使ってみたい、どんなものでも試してみる必要がある。頭ごなしに否定しないことが大事」と考えている。

そして、試作をしておいしくなかったとしても、諦めないという。諦めないというのは、頭の中の引き出しに課題として残しておくこと。いつか"新しい食材"と"新しい調理法"が出会ったときに、そ

の課題を解決できるかもしれないので「納得いかなかった試作」のことも忘れないようにする。

岸田シェフにとっての頭の中の「料理の引き出し」は、「おいしいアイデア」だけでなく「納得できなかった料理」も含まれる。その意味も含めて、料理人は引き出しはたくさん持っておくべきだという考えだ。

日本の食材を見つめ直す、探すことも大切に

岸田シェフは、枯露柿をフォアグラと合わせて使っていたこともある。ただ、今はフランス産（ヨーロッパのオーストリア以外）のフォアグラは輸入が

できない状況にある。カナダやアメリカなど他の産地のものなら使えるが、やはり本当においしいフランス産のフォアグラを知っているので、しばらくはフォアグラの料理は出さない方向でいるそう。

このように、常にいい食材、納得のいく食材がないかとアンテナを張っている。「どんなものでも試してみる」岸田シェフはヨーロッパの食材も探しつつ、日本の食材も見つめ直している。

たとえば、春なら蕗のとう、ヨモギなど。フランスにはない素晴らしい食材が日本にはたくさんある。蕗のとうは、魚のソースや香りだけ抽出して泡にしてみる。ソルベにも。その独特の苦味さえクリアできたら、いろいろなものに使えて好きな食材だと岸田シェフは話す。

この春、岸田シェフが注目したのはヨモギ。ヨモギは山菜だが、日本ならではの「和ハーブ」として着目した。使う上で、ヨモギのアク抜きについて研究し、どうやったら香りを抜かずにアクだけ抜くことができるのか？と考えながら試作を繰り返したそうだ。

好きな食材は…
この時期に、○○さんが作ったこの食材

生産者の顔が浮かぶ食材選びが大切だと、岸田シェフは考えている。

例えば、リコッタチーズが好きではなく、北海道の湖水地方牧場の川島さんの作る4月のリコッタチーズが好き、という意味だ。

「誰が作ったかが大切。このかたが作る食材が好き、ということ。例えば、この時期になると、あぁ〜○○さんのとる筍が欲しいな…と、それを作っているかたが思い浮かぶんです」と岸田シェフは微笑む。

同じレシピで作ったものでも料理の作り手によっ

Profile

オーナーシェフ
岸田周三
Shuzo Kishida

1974年生まれ愛知県出身。名古屋調理師専門学校卒業、三重県志摩観光ホテル「ラ・メール」、東京都渋谷区「カーエム」を経て渡仏。フランス各地で修業しパリの三つ星「アストランス」ではパスカル・バルボ氏に師事。2006年に帰国「レストラン カンテサンス」を立ち上げ2007年『ミシュランガイド東京』で三つ星に輝く。以来10年連続で三つ星を獲得。2016年版「アジアベストレストラン50」では20位に輝いた。

ことができる。

　今まで誰もやったことはないかもしれないけど、自分自身はおいしいと思う…というものを発見するということも料理人の仕事。だからこそ、いろいろなものと向き合い、食材はもちろん、料理道具だったり…これってこういう使い方もできるんじゃないかな？ということは常に考えながら、自由な発想を忘れないことが大事な要素だという。

　例えば、調理用のハサミ。日本の剪定バサミ（盆栽用の枝を切るハサミ）を作る職人のかたには、こだわりを持って作っている方が多いので、鋭くて力が入りやすいものがある。これは、肉の骨を切ることにも使える。こう考えると、剪定バサミも"新しい"調理の道具となる。本来は調理道具ではないかもしれないけど、調理道具として使えるんじゃないか…というものはある。

　なので、岸田シェフはホームセンターに足を運んでみたり、料理道具屋じゃない店にもあえて行ってみるという。そうした中から、人はやらないオリジナリティな調理法だったり、料理が生まれる。「これって料理に使えないのかな？と常に考えることが一種の習慣になっています」と話す。

　こうした発想は、食材や調理道具だけではなく、店のあらゆるところに向けられている。お皿の材質やテーブルの形まで、「こうして欲しい」と製造元や職人さんに伝え、話し合いしながら創り上げている。

て味が左右されるのと同じように、生産者さんにより同じ食材でも味わいも異なる。

　だからこそ素材選びでは、その作り手が誰かを大切にしている。

　そして、その生産者さんに対する敬意と信頼関係が、開業してから10年経つと、店の大きな財産にもなっている。

　「生産者さんが喜ぶ、僕も喜ぶ。WIN WIN の関係性で、お互いがHAPPYで、それがお客様に還元されていれば…、関わる人全員が幸せであればいいな」という気持ちを、岸田シェフは料理に込めている。

常に自由な発想を持つことで
オリジナリティが生まれる

　干し柿は、通常は和菓子に使うものであったり、そのまま食べるのが本来の食べ方。それを"食材"として見直してみる。すでに干し柿は完成しているものではあるが、それを"食材"としてとらえることで、今回のように新しいデザートへと作り変える

なによりも大切なのは、
"良い食材"を探し続けること

　今の世の中、インターネットで世界中の料理やアイディアを見ることができ、情報があり過ぎるがゆえに、他人の影響を受けやすい時代。

　しかし、岸田シェフは他のアイディアを見る…と

いうことはしない。

　世界のシェフがこういうものをやっていた…と知ると、自分もやってみたいと思い、それっぽい食材を探し、それっぽい料理が作れる。でも、実際にできているものは違う。料理のクオリティ、おいしさが違っていたり…「真似は真似でしかない」と言い切る。

　だからこそ、自分が手に入る食材の中で一番良いものをどんどん探して、どういう調理法、加工が一番おいしいんだろう？と自分自身で考えることを一番大切にしている。

　そして、料理を作る際に、アイデアよりも食材選びから始める。先においしい食材を見つけて、このおいしい食材をどう加工したらさらにおいしくなるのかな？を探究する。

　アイデアやコンセプトから料理を作ると、アイデアやコンセプトに合わせて食材を探す。この順では、いい食材に出会うことは難しい。

　まずは、食材選び。使う、使わないは別として…どんどん購入して、どんどん試す。その中から自分が納得いくものだけ使う。それをどう加工していくかは、次のステップ。まず "良い食材" を探すことを岸田シェフは実行し続けている。

岸田シェフが注目する
和牛のキュイソン

　岸田シェフが、大切にしている三つのプロセスは、プロデュイ＝素材、キュイソン＝火入れ、アセゾネ＝味付け。

　いま注目するキュイソンとは…？　火入れについては、常にいろいろな技法の研究をしていて、最近は、牛肉の焼き方について課題を持っている。

　フランスの牛肉も日本で手に入るが、今は24ヶ月以上の大きな牛が日本では手に入らない。若い牛の肉は手に入るが、最高の状態の牛肉が手に入らない。無理してフランスの最高ではない牛肉を使うなら、日本の和牛を使う。しかし、和牛は脂が多いため、フランス料理と相性が悪いという問題がある。

　一般に高級とされている和牛は、ほぼ半分が脂で、そのように飼育された牛。このサシ（脂）が、フランス料理のバターなどとは相性が悪くなる。

　そこが難しくて、和牛はフランス料理にはあまり合わない食材だと思っていた。最近は、日本の若い畜産農家の人たちが「黒毛和牛でも、赤身の多い牛のほうが健康なのでは?」と問題定義し、そうした牛肉づくりに取り組んでいる。そういう牛肉なら使いたいと、最近、和牛に向き合うようになったそうだ。

　食材によって調理法は異なるので、フランスの牛肉に対する低温調理法が和牛に通用するわけではない。むしろ、低温調理法は和牛との相性が悪い。黒毛和牛においては、もっと高温で一気に焼き上げる方がおいしいそうだ。世界のシェフが低温での調理に着目しているから、自分もやってみよう…ではなく、それが果たして一番おいしいのか、おいしくないのかは自分で判断しなくてはならない。
「今、使っている食材ともっと向き合うことが大切」——日々の食材選びと、キュイソンについて通じることがある。

素材にあわせて
毎回"アジャスト"する

　味付けはある意味、感性の部分が強い。塩、ひとつでもアセゾネである。

　同じ、塩ひと振りでも、味は変わる。それは、肉や魚は同じに見えても、毎回、個体差がある。同じグラムの肉に対して、同じグラムの塩をすれば同じ味になる…ということは通用しない。水分量や油脂量が異なるので、毎回"アジャスト"する必要がある。今回の肉はこういう状態だから、塩の量を若干増やそうとか、微妙に減らそうとか…感覚で毎回調整する必要がある。つまり、料理においては、あまり計量しても意味がない。

　そういう意味で"アセゾネ"に関しては、一長一

短で、ある日急に習得するというものではなく経験則というか非常に職人的な技術に近いものだと岸田シェフは話す。

「説明するのは、難しいですね。毎日、真剣に。これが正しいのかな、どうなのかな？　一度、時代や時勢と合わせてみて、さらに、もう一度考える…という作業が必要」

アセゾネというものは"塩をしない"ということもアセゾネであるし、逆におもいっきり塩をたくさん振ってしょっぱくしてみる…というのもアセゾネで幅広い。

おいしさを引き出すアセゾネと、その感性は日々の積み重ねから生まれる。この点でも、食材選びと通じる。

今の実力のベストを尽くし、常により良いものを探究する

岸田シェフは今は塩蔵というものに興味を持っているという。

調味料として作る方法と、食材を塩漬けにする方法といろいろな塩蔵がある。いろいろなものを塩漬けすると、香りが強調されてとても面白いという。一方で、しょっぱくなってしまったものは、どうすればよいのだろう…と思い、それは課題として引き出しに残しながら、お客様にちゃんと出せる日が来るまで繰り返し試行錯誤し、挑戦する。

こうして日々、食材に向き合い、日々、キュイソン、アセゾネについて「もっといい方法はないか」を自問自答し、同時進行でいろいろなことを研究しているという。

「これでゴールというものはなかなか見つからない。今の実力でこれがベストというものは、尽くす必要がある。ベストのものができたら、それは胸をはってお客様にお出ししてはいます。でも、もっといい方法はないのかな？ということは同時に思わなければいけない。これでよし！というものは、ないということですね」

Quintessence

レストラン カンテサンス

住所／品川区北品川6-7-29
ガーデンシティ品川　御殿山 1F，
ご予約専用 03-6277-0090
お問い合わせ 03-6277-0485
営業時間／ランチ 12:00～15:00（L.O.13:00）
　　　　　　ディナー 18:30～23:00（L.O.20:00）
定休日／日曜日、その他曜日月2回休み
http://www.quintessence.jp

野菜を魅力にした人気メニュー

Erba da nakahigashi

エルバダナカヒガシ

シェフ

中東 俊文

野菜の皮もムダにしないで
スペシャリテにして提供する

「七十二候を一番大切にしています。京都では毎朝、畑に通っていました。最近は、道の駅で産直の野菜を見つけるのも好きです。スタッフ皆で先日、野草を摘みに出掛けたりもしました。季節の草 "野菜" を堪能してほしい」と中東俊文シェフ。店名も、中東シェフの父である京都の名店『草喰なかひがし』から着想を得て、イタリア語で草＝erbaを冠している。

スペシャリテは、サイフォンで煎じる野菜のミネストローネ。乾燥させた野菜の端切れとパルメザンチーズ、生ハムの骨のブロードで作り、薫香と旨みがじんわりと身体と心にしみわたる。食材や農家への敬意を込めて、野菜の皮もムダにはせず大切にしているのが伝わる。

コースは通常はお任せで15品程。事前予約で野菜のみのコースも可能にしている。農薬不使用や自然農法の野菜は味が濃いし、栄養価もより高いので好んで使う。野菜で季節の移ろいを感じれるよう、旬のものを意識し、あえてシンプルに調理するようにしている。

野菜中心メニュー コース

1皿目 ホワイトアスパラガスとウズラの温泉卵⑦
2皿目 ミネストローネ；野菜の端材と生ハムのブロード⑤
3皿目 リージ エ ビージ；えんどう豆のリゾット⑥
　　　 自家製野菜フォカッチャ
4皿目 新ジャガイモのラヴィオリ①
5皿目 焦がし新玉ねぎ、サフラン、グアンチャーレ③
6皿目 大和芋のフライドポテト風、アジアゴとビアンケッティトリュフ④
7皿目 桜のジェラート、グリオットチェリーのコンポート②
　　　 でがらしクッキー

作り方は27ページ ▶

ホワイト
アスパラガスと
ウズラの温泉卵

冬の間、土の中で堪え忍んだ春の芽吹きを余すことなく楽しんでいただく、滋味深さを表現した一皿。その土地の一番おいしい旬のものを産直で送ってもらうので、ホワイトアスパラガスなら、香川産〜長野産〜北海道産と使っていく。ホワイトアスパラガスは皮をむき、ココットに入れてEXVオリーブオイルをひき蓋をして蒸し炒め。ホワイトアスパラから水分が出るので水は入れないのが旨味を引き出すポイント。あきる野市まで中東シェフが摘みにいった野生のクレソンは、3月〜5月頃までが旬。野生のものはクレソン特有のピリっとした辛味が強く食感もしっかりしている。ブラックオリーブにはアンチョビとケッパーでほろ苦さと酸味、塩気を足してサクサクのクリスピーに。ワインのおつまみにもぴったりな味わい。ウズラの温泉卵をアスパラにかけ、混ぜて一緒に食べてもらうように説明する。

リージ　エ　ビージ：えんどう豆のリゾット

初夏の定番料理。えんどう豆全体を使いきり、旨味を余すことなくリゾットに閉じ込めた一皿。ほくほくっとした食感と上品で繊細な甘みがあるえんどう豆を主役にした。えんどう豆のさやからとっただしで炊いたリゾットに、豆を加え、さらに塩味としてラルドを加えている。えんどう豆のさやは、ゆっくりと時間をかけて煮出してだしをとる。えんどう豆のさやは青臭さが少なく、芳醇なだしがとれる。ラルドを加えることで、ほどよい塩加減と熟成香、そして滑らかな舌触りを加味できる。えんどう豆のリゾットと共に口に含むと風味が広がりスッと溶けて絶妙なハーモニー。

作り方は30ページ ▶

作り方は28ページ ▶

ミネストローネ：野菜の端材と生ハムのブロード

20種類もの野菜の皮や端切れ、生ハムの骨からとるブロード、パルメザンチーズの皮などで作る同店のスペシャリテ。野菜の皮や端切れは、営業終了後のオーブンの余熱で乾燥させる。生ハムの骨のブロードは、口に含んだときに感じる滑らかさとコクを出し、そこにパルメザンチーズの皮を合わせることで、味わいに深みを出る。このブロードで乾燥野菜を炊く道具に、中東シェフはサイフォンを選んだ。サイフォンの、最後のバキュームの力で「ブロードの粒子にまで野菜の香りが浸透する」という。雑味がなく、素材がもつ味わいをよく抽出できて、豊かな香りと心地よい余韻が引き立つミネストローネに仕上がる。また、抽出したあとの野菜は、パン生地やクッキー生地に練り込んでも使う。野菜を余すことなく使いきることに徹していて、食材を敬愛する気持ちが込められた一品だ。

焦がし新玉ねぎ、サフラン、グアンチャーレ

春の訪れを感じる新玉ねぎが主役。焦がして香ばしく焼いた新玉ねぎに、甘く高貴なサフランの薫りをまとわせて、共に炊いた新玉ねぎをスープ仕立てに。新玉ねぎの、炭火で焼いて凝縮されるキャラメルを彷彿させる甘み。そして、蒸し煮、炭火焼き、生のスライスを合わせて、新玉ねぎの多角的な味わいと食感の違いを生かしたスープにした。旨味の底支えで、グアンチャーレの脂のパウダーを共した。固形のままではなくパウダー状にすることで口当たりを軽くしアクセントにした。添えるセリとクレソンは、その特有の苦味で味の引きしめ役に。それぞれの春野菜の持つ、甘みや苦味、薫りを愉しめる一皿にした。

作り方は31ページ ▶

大和芋の
フライドポテト風、
アジアゴと
ビアンケッティ
トリュフ

野菜中心のコースの、春のメイン料理。大和芋はコクがあり粘り気も強く味が濃い。大和芋の素材のもつおいしさを引き出すためにシンプルな調理と味付けにしている。大和芋は揚げるのではなく焼くことで、表面は香ばしく、中もカリカリ、かつ、ほっくりとしていてフライドポテトのような食感に仕上げた。味付けは塩のみ。合わせる野菜は、ルッコラ、ワサビ菜、からし菜、みぶ菜、サラダほうれん草、赤軸ほうれん草、水菜、赤水菜。旨味の補助として、軽い酸味とシャープな風味アジアーゴチーズをふりかけた。さらに、香りの補助として春のトリュフ（ヴィアンケッティ）をかけ、風味をより豊かに。なお、夏のメイン料理は、カモナスのパルミジャーノなどに。

新じゃがいものラヴィオリ、
ボンゴレビアンコ仕立て

春の香りの良い新じゃがいもを皮ごと詰め物にして、春が旬のアサリ
に合わせた一皿。新じゃがいもは皮付きのまま茹でて潰してマッシュ
ポテトにして、熱いうちに酢とケッパーを混ぜる。ホクホクになるよ
うに潰しすぎないこと、皮にも栄養とおいしさがあるので皮ごと使う
のがポイント。ラビオリ生地を作り、新じゃがいものマッシュポテト
を中に入れて生地を形成する。EXVオリーブオイルとにんにくで風
味を出して、アサリと白ワインを加えて蓋をして蒸し煮にする。白っ
ぽくなるまでソースを煮つめてアサリの旨味を凝縮させる。コース全
体13品で、1品1品に使う油は少なくするようにしている。

桜のジェラート、
グリオットチェリーのコンポート

春の季節の花、桜が主役のデザート。桜の葉と花で香りを抽出したジェ
ラートに、メレンゲで作ったミモザのドームと、グリオットチェリー
のコンポートをかけてくずしていただく。桜のやさしい香りと風味を
そのままジェラートにし、春らしさを感じるデザートに。口に含むと、
シュワっと溶け、軽くて甘い焼きメレンゲを食感のアクセントに加え
た。コンポートは、甘みと酸味の強いグリオットチェリーを使い風味
豊かに仕上げた。野菜中心のコースだが、さつまいも、かぼちゃ、人
参でデザートにすると、前菜にニュアンスが似やすいので、最後のデ
ザートまで野菜にしないほうがいいと考えてのデザート。

ホワイトアスパラガスとウズラの温泉卵

料理は20ページ ▶

材料

ホワイトアスパラガス…2本
ウズラの卵…1個
ブラックオリーブのクリスピー
├ ブラックオリーブ…1缶
│ ブラックオリーブの缶の液体…50g
│ パン粉…80g
│ アンチョビ…10g
└ ケッパー…5g
クルトン
├ パン…適量
└ オリーブオイル…適量
塩…ひとつまみ
オリーブオイル…適量
サワークリーム…10g
タイム
カラスノエンドウ
ローズマリー

作り方

1 ウズラの卵を62℃のお湯（ウォーターバス）に30分つける。エッグカッターで上をカットする。

2 ブラックオリーブのクリスピーを作る。

　ブラックオリーブを210℃のオーブンで軽く焦がし、ミキサーでブラックオリーブ漬け汁、パン粉、アンチョビを一緒にペースト状になるまでよく回す。

　160℃のオーブンで5分焼きその後よく乾燥させる。手で適度な大きさに砕く。

3 クルトンを作る。パンをカットしてオリーブオイルを染み込ませる。160℃のオーブンで7分焼く。

4 ホワイトアスパラガスの皮を剥き、一口大に切り、ココットの中に一つまみの塩とオリーブオイルを入れ蓋をして強〜中火にかける。蒸気が出てきたら弱火にする。4分間ほどよく転がす。

5 皿にホワイトアスパラガスを入れ、サワークリーム、ブラックオリーブのクリスピー、クルトン、タイム、カラスノエンドウの順に盛り付ける。

6 ウズラの卵は別皿にローズマリーと盛り付け、お客様に入れてもらう。

ミネストローネ：野菜の端材と生ハムのブロード

料理は22ページ ▶

材料

生ハムの骨…2本
チーズの皮…適量
野菜の切れ端…適量
季節の20種類の野菜…各適量
- かぼちゃ
  菊芋
  ヤーコン
  紅芯大根
  カリフラワー
  ブロッコリー
  プチヴェール
  紫キャベツ
  芽キャベツ
  うど
  野萱草
  あさつき
  金時人参
  西洋人参
  シンシア（じゃがいも）
  みえんどう
  白カブ
  赤カブ
  のらぼう菜
- ささげ豆
感味（海水）…適量

感味

ブロード

作り方

1 生ハムの骨を35cmの寸胴鍋に入れ、水をひたひたに注いでブロードをとる。水がなくなってきたら、また足しながらを繰り返して弱火で2日煮込む。漉して上澄みの脂は取りのぞく。

2 野菜の切れ端は、捨てずにとっておく。野菜の切れ端をバットに広げて、営業終了後にオーブンに入れる。（オーブンの余熱で、そのまま乾燥させる。）

3 20種の野菜は、カボチャはオーブンで火入れ、その他は鍋に入れて湯がく。（煮汁はとっておく）湯がいたあとに、野菜に感味をスプレーして塩分を染み込ませる。

4 5人用のサイフォンを用意する。4人前で、サイフォンのフロート目一杯に②のドライベジタブルと、①の生ハムのブロードと③の野菜の煮汁を400ml注ぐ。チーズの皮も入れる（写真A、B）。5皿に③の20種の野菜を盛り付けて、サイフォンで煎じた④を注ぎ入れる（写真C）。

自家製野菜フォカッチャ、クッキー

でがらしクッキー
サイフォンで煎じた野菜のでがらしは、フォカッチャとクッキーに練り込む。

リージ エ ビージ：えんどう豆のリゾット

料理は21ページ ▶

材料
エンドウ豆…300g
カルナローリ米…40g
ラルド（豚の背脂）…適量
白ワイン…10ml
玉ねぎ…20g
パルメザンチーズ…7g
ピュアオイル…10g
EXヴァージンオイル…5g
ピンクペッパー…適量

作り方
1 エンドウ豆の皮と実をわける。皮は鍋に水とともに入れ2時間煮立たせブロードにする。

2 鍋に玉ねぎをみじん切りにして入れ、ピュアオイルと共に良く炒め、米を加える。米が良く油を吸ったところに白ワインを加え完全に蒸発させる。

3 ①のエンドウ豆の実を加え軽く混ぜてから皮から取ったブロードを徐々に加えていく。アルデンテになった時点で火から外し蓋をして少し蒸らす。

4 仕上げに、パルメザンチーズとEXヴァージンオイルを加えよく和える。

5 皿に③のリゾットを盛り、ラルドを上に覆い被せるように盛り付ける。ピンクペッパーを散らす。

焦がし新玉ねぎ、サフラン、グアンチャーレ

料理は23ページ ▶

材料

新玉ねぎ…3個
サフラン…適量
コシヒカリ…100g
リカール…20ml
ピュアオイル…適量
EXヴァージンオイル…適量
グアンチャーレ…10g
マルトセック…適量
セリ
クレソン

作り方

1 新玉ねぎ1個を薄切りにし、サフラン、塩、ピュアオイルをココットの中に入れ、弱火で1時間ほど煮込む。ミキサーに入れEXヴァージンオイルを少しずつ加えながら回す（写真A）。

2 新玉ねぎ丸々一個を炭の中に入れ、10分くらい真っ黒になるまで焦がす（写真B）。中を取り出し1/10にカットする。

3 新玉ねぎを生のままスライスして、水に15分さらす。

4 鍋に米、リカール、水80mlを入れ強火にかけ、一度沸いたら弱火にかえ、15分間炊く。
　米を鍋から取り出し、鉄板に広げ乾燥する。200℃で揚げる。

5 グアンチャーレを2枚の天板の間に挟むようにセットして160℃のオーブンで15分焼いてカリカリにする。この時に天板に出たグアンチャーレの脂とマルトセックを混ぜて粉状にする。

6 皿に1〜5の順にのせていき、セリとクレソンを添える。最後にEXヴァージンオイルをまわしかける。

A

B

Erba da nakahigashi

エルバダナカヒガシ

住所／東京都港区西麻布4-4-16 NISHIAZABU4416 B1F
電話／03-5467-0560
営業時間／17:00〜20:30（L.O.）
定休日／日曜日
http://www.erbadanakahigashi.com/

祇園MAVO

ギオン マヴォ

オーナーシェフ

西村 勉

和の旧暦七十二候に基好き素材を吟味、
日本の美意識と情緒を表現する

料理人は、まず素材ありきの職業であり、その素材を品定めし、吟味し、生産する人のこだわりや人柄にまで執着し選ぶこと。素材が育つ環境も不可欠な要素であり、それらすべての調和・意味づけが必要だと西村シェフは考える。

「一つ一つの野菜にも表情があり、その輝き具合で判断します。変な話ですが、私は野菜と話ができます。野菜だけではなく、それぞれの素材と対話をして料理を作っています」こう言えるほどの真剣な素材の見極めのもとに、メニュー構成がされ、野菜たちの喜ぶ仕上がりをイメージし取り組む。レシピを優先した料理づくりは、ほぼしない。また、『祇園MAVO』には毎年同じ季節に繰り返し出す料理はない。店名のmavo＝matiere+evolution（素材の進化　物質の進化）の意味のとおり、素材、生産者と共に西村シェフ自身も歳を重ねるごとにより上達し、同じ料理に見えても、その工程や調理法の部分は常に進化を遂げているからである。

また、料理とお茶の、ティーペアリングも提案し、トータルでの食事の楽しみ方も進化させてきている。

祇園MAVO

マヴォ

住所／京都市東山区下河原通上弁天町440 舞風館1F
電話／075-708-6988
完全予約制
営業時間／ランチ 12:00 in 12:15 start
　　　　　ディナー 18:30 in 19:00 start
定休日／火曜・水曜日
http://cuisinelamatiere.wixsite.com/mavo

クロッカン "初夏"
〜アスパラガス 宇治白川抹茶さみどりのフリット、
奈良 飛鳥の蘇(そ)、ソラマメのキャラメリゼ

アスパラガスは、風味、味わいを小さなポーションでもしっかりと感じるようにベニエ生地をつけてサクッとしたフリットに。奈良の蘇(そ)は飛鳥時代〜平安時代にかけ日本で最初に作られていた古代のチーズと言われる。牛(羊)乳を数時間ゆっくり煮詰めて濃縮させて固めたもの。ほんのりした塩味と上品な自然なミルクの甘み、芳醇な風味が口に広がる。空豆は、京都大原野の農家三代目、上田さんが手がける味の濃い京野菜。さっと茹でた後、薄いキャラメルチュイールをのせてグラッセする。豆に甘みを添えることで青い香りが引き立ち、味わいに奥行きを出す。tea ペアリングでは「焙じ茶スパークリング」を。焙じ茶にレモングラス、カルダモンで香り付けし、炭酸を注入したベースにイチゴのビネガーを入れ、ロゼシャンパーニュのイメージのスパークリングティー。

作り方は40ページ▶

坂越牡蠣 "恩恵"
KIKUGAHARA

抹茶の衣をまとわせた坂越牡蠣の
フリット。坂越牡蠣は、磯の香り
が爽やかで、大粒で身がぷりっと
ふっくらしていて濃厚な味わい。
付け合わせには、京都・上賀茂の
ほうれん草、大原の根菜類のサラ
ダ。優しく炒めたものと、生の根
菜の食感コントラストが、柔らか
な牡蠣を食べ進めるときの愉しさ
につながる。海の幸、里の幸の双
方を同時に食すことで、海と大地
を感じられる一皿に仕上げた。盛
り付けたのは、海をイメージした
萩焼きの器。teaペアリングでは
「葵」というお茶を。辻喜代治氏の
碾茶で、柔らかい旨味と磯感のあ
るお茶が、牡蠣のミルク感とミネ
ラル感に寄り添う。

大原野上田農園豆のヴルーテ
和ハッカの余韻で

野菜系のポタージュ「ヴルーテ」は、素材をダイレクトに感じるように乳製品をほとんど加えずに調理し、和食のすり流しに近い仕立てに。空豆、グリーンピースの臭みを和らげるために、京都・白川で摘み取ってきた和ハッカ(ミント)をあしらい、爽やかな余韻を与え、味わいに輪郭を付けるイメージで。西村シェフの料理の特徴である、香り、余韻という記憶に直結する部分がよく感じられる。ベースとなるヴルーテには、熟成させて摘んだ味わい深いグリーンピースを使い、トッピングするグリーンピースには早摘みの生き生きとした力強い豆を使う。早摘み(生食)、熟成摘みとを使い分け、同じ豆の成長を料理の中で表現。いわば、和食でいう名残、旬、走りの表現をまとめた一皿に。teaペアリングでは「鶯」というお茶を。抹茶玄米茶で、豆の甘みを引き立てる抹茶のほろ苦みと玄米の香ばしい香りがするお茶。

作り方は41ページ ▶

徳島黒鮑とランド産白アスパラ"白黒笹舟"

黒鮑は日本酒で蒸しあげ、程よい食感を残して、裏漉しした肝のソースと和える。白アスパラガスは世界最高峰ランド地方の露地物で、味わいが濃く苦味も程よく感じられるのが特徴。ブイヨンドレギュームで煮浸した状態で、そのだし汁を使用してバターでつなげた。肝のコクと甘み、白アスパラガス特有のほろ苦さが合わさり、絶妙な味の調和が生まれる。これは、七夕の時期を意識した一皿で、筆で笹の葉を描き、さらに笹の葉に盛り付けて笹舟に見立てた。teaペアリングでは「薔薇」というお茶を。ほんのり甘みを感じる焙じ茶に、薔薇の花びらとハイビスカス、柑橘の皮をブレンド。白アスパラガスの甘み、酸味に合わせたロゼワインのようなイメージ。

長崎沖カサゴ"乳酸発酵"
燻製イクラのソースブール・ブラン

アスパラガスは生のままバターでソテーしクロッカンに仕上げている。主素材とガルニチュールの調和は味わいだけではなく、食べ進める上での食感も非常に重要だと考えている。カサゴは乳酸菌の入った漬け汁と一緒に真空包装して一晩マリネ。乳酸菌の力で、身がしっとり仕上がり、味わいと香りの下味によって重層的になる。表面をパリっと焼き、香ばしく仕上げたカサゴとアスパラガスを引き立たせるための乳酸香、バターソースにいくらのプチプチとした食感や魚卵系の余韻も効果的に仕上げている。teaペアリングでは「禅」というお茶を。旨味濃厚なシャルドネのイメージのかぶせ茶。お茶の収穫前に日光を遮光する覆いをかぶせ、旨味・甘みのアミノ酸成分・テアニンを増幅させたお茶。魚介のグルタミン酸と分子構造も似ていて、旨味のペアリングの効果もある。

蓮と蓴菜
高知狼トマトの
クリアスープ

涼しげなビジュアルだが、味わいはしっかり。高知産狼トマトは、昔ながらの香りやトマトの味わいの濃さが強いのが特徴。コースの中で、グラニテの位置付けとして提供するため、酸味の補いとしてスッキリとした味わい仕上げた。フレッシュトマトをミキサーにかけたあと、一晩かけて抽出し、トマトの旨味が凝縮されたクリアスープと共した。じゅんさいを添えて食感も愉しめるように。2種類のトマトが口の中で見事に溶け合いメインディッシュへとつなげてくれる。

作り方は42ページ ▶

南仏シストロン産子羊"浄化"

子羊は、カダイフのように長細くスライスしたじゃがいもを巻いて包み揚げた
あと、オーブンで火入れ。さらに、松ぼっくりで燻して盛り付ける。マッシュ
ポテトに使用するポテトは長崎県産レッドムーン。甘みが強く粘りがあり、マッ
シュポテトには最適。練り上げた後たっぷりとバターを溶かしこみ、リッチな
仕上がりにした。涙型に絞り、その中にソースを盛り付ける。添えるラタトゥ
イユはソース的な役割で、小さくさいの目にカットして食感を残し、彩りよく
仕上げた。シンプルな子羊のジュと対照的に野菜とトマトのチャツネを合わせ
た。teaペアリングでは「彩」というお茶を。赤ワインのようなタンニンを感じる
焙じ茶。ローズヒップやハイビスカスで色合いと酸味を、バニラ、八角、ドラ
イフルーツで甘みを、スパイスで赤ワインのような余韻を演出したお茶。重厚
感のある味わいと香りが、お茶の概念を超え、肉料理の味わいを豊かにする。

坂越牡蠣"恩恵"KIKUGAHARA

料理は34ページ▶

材料（1人前）
殻付きカキ（坂越牡蠣）…1個
強力粉…適量
ホウレン草…1束
宇治抹茶…適量
EXVオリーブオイル…適量
紅芯大根…適量
紅くるり…適量
紫人参…適量
黄人参…適量
白ワインビネガー…適量
緑のベニエ生地…適量
サラダ油…適量
ホウレン草の根（素揚げしたもの）
　…1本分
カラスミ（自家製をパウダー状にした
　もの）…適量

作り方

1　カキは殻付きのまま、スチームモード、80℃の
スチコンで3分間、加熱し、出したらショックフ
リーザーで冷却する。殻を外し、薄く強力粉を
まぶす。

2　茹でたホウレン草とその煮汁、宇治抹茶、
EXVオリーブオイルをフードプロセッサーにか
け、ピュレ状にする。

3　根菜をそれぞれスライスし、白ワインビネガー
とEXVオリーブオイルでマリネする。

4　緑のベニエ生地に1をくぐらせ、180℃のサラ
ダ油で2分間揚げてフリットにする。

5　器に4と3、ホウレン草の根、食べやすい大きさ
にカットした根菜を体裁よく盛り付け、カラスミ
のパウダーをふる。

大原野上田農園豆のヴルーテ 和ハッカの余韻で

料理は35ページ ▶

材料（1人前）
グリーンピース（むき身）…200g
空豆（むき身）…100g
新玉ねぎ…1個
ポワロー洋葱…適量
ブイヨンプーレ…1ℓ
スナップエンドウ豆…4本
和ハッカ…適量
塩…適量
胡椒…適量
バター…適量
ブイヨンドレギューム…15ml

作り方

1 フライパンにバターで玉ねぎ、ポワローを弱火で炒める。

2 ブイヨンを加え、しばらく炊く。

3 豆類はスチコンで蒸し、すぐにショックフリーザーで冷却して色を飛ばさないようにする。

4 蒸した豆類は裏ごししてボールに入れる。

5 2をミキサーで回し漉す。

6 4に5を合わせ撹拌し、塩と胡椒で味を調える。

7 器に6のスープを注ぎ入れ、ブイヨンドレギュームのゼリーのせ、スナップエンドウ、グリーンピース、空豆をトッピングする。

8 刻んだ和ハッカを散らす。

南仏シストロン産子羊 "浄化"

料理は39ページ ▶

材料（1人前）

南仏シストロン産子羊背肉　骨付（骨を
すき下処理したもの）…骨2本分

じゃがいも…適量

マッシュポテト…適量

プティラタトゥイユ　…適量

タイムの枝…1本

子羊のジュ…50ml

粒マスタード…15g

バター…適量

塩…適量

胡椒…適量

フルールドセル…適量

粗挽き胡椒…適量

作り方

1 下処理後の子羊に塩・胡椒で下味をつける。
下処理したときに出る肉をミンチにし、ファルス
を作り、先の子羊を包み込む。

2 じゃがいもを長い糸状にし、子羊とファルスを
巻き止める。

3 子羊のジュを煮詰めソースを作る。

4 175℃のオリーブ油で表面を固める程度に揚げ
る（写真A）。その後175℃のオーブンで約15
分ローストし、ゆっくりと休める（写真B）。

5 鍋に、松を敷き詰めて4の子羊を入れてバー
ナーで松を燻す（写真C）。

6 マッシュポテトは皿の上に涙の形に絞り、カット
した子羊を盛り付ける（写真D）。プティラタトゥ
イユをスプーンでクネル型に抜く（写真E）。

7 マッシュポテトの内側に3のソースを流す（写真
F）。

8 フルールドセルをと粗挽き胡椒をかけて仕上げ
る。

A

B

C

D

E

F

『祇園MAVO』のティーペアリング

『祇園MAVO』では、京都・祇園ならではの新たな試みとして、フランス料理のコース一皿一皿に日本茶を主軸とし、お茶をペアリングするという「tea pairing aya／彩」をご希望により提供している。オープン当初より、お酒を飲めないかたでも、お酒を飲むおかたと楽しい時間を共有できるようにと嗜好を凝らし、ワインに通じる旨味を持つ日本茶をさらに進化させ、他には類を見ない様々なお茶メニューを完成させている。前掲した野菜料理のコースでの、お茶とのペアリングを西村シェフに提案していただいた。

ア　イ　ウ　エ　オ　カ　キ

ア 「クロッカン"初夏"」に「焙じ茶スパークリング」

焙じ茶にレモングラス、カルダモンで香り付けし、炭酸を注入したベースにイチゴのビネガーを入れロゼシャンパーニュのイメージのスパークリングティー。

イ 「徳島黒鮑とランド産白アスパラ"白黒笹舟"」には「薔薇」（ほうじ茶とハーブのブレンド）

ほんのり甘みを感じる焙じ茶に、薔薇の花びらとハイビスカス、柑橘の皮をブレンド。白アスパラガスの甘み、酸味に合わせたロゼワインのようなイメージ。

ウ 「坂越牡蠣"恩恵"KIKUGAHARA」に「葵」（辻喜代治氏の碾茶）

柔らかい旨味と磯感のあるお茶が牡蠣のミルク感とミネラル感に寄り添う。

エ 「大原野上田農園豆のヴルーテ 和ハッカの余韻で豆のヴルーテ」には「鶯」（抹茶玄米茶）

豆の甘みを引き立てる抹茶のほろ苦みと玄米の香ばしい香り。

オ 「長崎沖カサゴ"乳酸発酵"燻製イクラのソースブール・ブラン」には「禅」
（旨味濃厚なシャルドネのイメージのかぶせ茶）

お茶の収穫前に日光を遮光する覆いをかぶせ、旨味・甘みのアミノ酸成分テアニンを増幅させたお茶。魚介のグルタミン酸と分子構造も似ていて、旨味のペアリングの効果がある。

カ 「蓮と蓴菜 高知狼トマトのクリアスープ」には、「和紅茶」

ほんのりと甘みを感じるおくみどりの和紅茶に、バニラ、八角の香りを漂わせる。

キ 「南仏シストロン産子羊"浄化"」には「彩」（赤ワインのようなタンニンを感じる焙じ茶）

ローズヒップやハイビスカスで色合いと酸味を、バニラ、八角、ドライフルーツで甘みを、スパイスで赤ワインのような余韻を演出したお茶。重厚感のある味わいと香りが、ノンアルコールの概念を超え、肉料理の味わいを華やかに彩る。

『祇園MAVO』では、減圧加熱調理器でお茶を抽出。減圧することで沸点が下がり、たとえば、玉露・煎茶を減圧加熱調理器で抽出すると、テアニン（旨味）の増幅、カテキン（雑味・渋み）が減少。色が鮮やかに抽出され、雑味のないクリアな飲み心地になる。

ウェスティンホテル東京　広東料理

龍天門

リュウテンモン

総料理長

陳 啓明

妥協を許さない素材へのこだわりから生まれた
究極の精進スープで野菜の味を際立たせる

外資系高級ホテルとして知られる「ウェスティンホテル東京」内にあり、本格広東料理を提供する「龍天門」では、2017年3月より"素食健美（野菜のコース）"のランチ（7品6800円）及び、ディナー（8品12800円）の提供を始め、ベジタリアンのみならず、幅広い顧客から好評を得ている。

元々、海外からの利用者も多く、宗教や健康上の理由等から多様なリクエストがあるという。特に多いのは動物性食材を避けるベジタリアン客で、これまでも可能な限り対応してきたが、高まるベジタリアン客のニーズを受け、完全菜食の野菜のコース導入を決定した。

メニュー開発の陣頭指揮をとるのは、長年に渡り、広東料理界を牽引してきた同店の名物総料理長・陳啓明氏。「料理は、まず素材ありき。素材がよくなければ納得のいく料理は生まれない。今回の野菜コースにしても、まずは素材選びなど、見えないところに一番手間をかけている」と述べ、普段から素材に妥協を許さない陳氏はスタッフと共に国内のみならず香港まで足を運び、食材探しに奔走する。

まず着手したのが料理の味の礎となる植物性素材100％スープ「齋湯（チャイトン）」づくり。様々な野菜や乾物を組み合わせて試行錯誤を続け、ついに納得のゆく究極のスープを完成させた。「このスープがなければ、野菜だけのコース料理は成立しなかった」という陳総料理長の言葉通り、嫌みのない旨味とコク、甘みを合わせ持つスープにより、料理に余分な調味料を加えることなく、野菜の持ち味を存分に生かすことができるようになった。

主役となる野菜の新鮮さにも自信を持つ。陳氏自らが近郊の生産者と直接交渉を行い仕入れた野菜は新鮮で生命力に溢れ、シンプルに調理することでさらに美味しさが際立つ。陳氏は、ベジタリアンだけでなく、多くの人に「一週間に一食くらいは体が喜ぶヘルシーなものを食べてほしい」という想いを込め、今後も野菜のコースを進化させていく予定だ。

素食健美：野菜のコース　12800円

1皿目　鳳城素拼盆　野菜冷菜の盛り合わせ③

2皿目　清炒八宝蔬　厳選野菜の本質をそのままに　あっさり炒め⑤

3皿目　斎湯燉竹笙　野菜の旨味を凝縮した特製スープ　絹笠茸を浮き実に⑥

4皿目　腐皮北京鴨　北京ダック風　油揚げ　野菜巻き①

5皿目　斎蠣油西冷菇　肉厚椎茸のステーキ④

6皿目　攬菜煮豆腐　こだわり豆腐と中国漬菜の煮込み②

7皿目　八珍素鍋巴　土鍋に響くおこげの歓声　五目野菜あんとの共演⑦

8皿目　功徳林甜点　本日のデザート⑧

※コース料理の料金は税・サービス料抜き

- ●ドライアプリコットの杏露酒シロップ漬け
- ●そら豆
- ●ミニトマトの甘露漬け
- ●春菊の搾菜菜和え
- ●ミニ柚子大根、かぶ、人参、胡瓜、パプリカ、カリフラワーの甘酢漬け
- ●レモングラスと桜花のゼリー
- ●サラダほうれん草、レタスのサラダ クリーミィごまドレッシング

鳳城素拼盆
野菜冷菜の盛り合わせ

「野菜のコース」の最初に出される前菜は、女性に人気の野菜やドライフルーツなど、食事のスタートにふさわしくさっぱりとした組み合わせ。材料はもちろん植物性素材100％。例えばゼリーはゼラチンではなく植物性由来の凝固剤であるアガーで固めたり、ドレッシングには大豆由来の植物性クリームチーズを使ったり、芝麻醤、ごま油でコクと香りをプラスするなど随所に配慮している。

清炒八宝蔬
厳選野菜の本質をそのままに　あっさり炒め

陳総料理長自ら近郊の畑に足を運んで吟味した新鮮な野菜の炒め物。野菜はさっと湯通しする程度にとどめ、素材の持ち味や色を引き出して食感を高める。味つけも「斎湯（チャイトン）」と砂糖、塩、胡椒をほんの少し加えるのみ。仕上げに水溶き片栗粉で薄くとろみをつけてまとめる。写真はミニ人参、菜花、スナップえんどう　金糸瓜、二十日大根、小菜苗、そら豆、エリンギ。野菜は季節により随時入れ替える。

斎湯燉竹笙
野菜の旨味を凝縮した特製スープ 絹笠茸を浮き実に

野菜の旨味と甘みを凝縮した「斎湯」に絹笠茸を浮かべたシンプルながら贅沢な味わいのスープ。絹笠茸は笠が網目のスポンジ状になっており、シャクシャクとした不思議な食感が魅力。「斎湯」(チャイトン)は、動物性素材を一切使用せず、植物性素材100％でとった精進スープのこと。基本的にはスープ自体の味を生かし、最小限の砂糖、塩、胡椒など味を調整する程度にとどめる。ごく少量の砂糖は野菜のえぐみを中和する働きがある。

作り方は56ページ ▶

腐皮北京鴨笙

北京ダック風 油揚げ 野菜巻き

定番ご馳走メニューの一つ、北京ダックを油湯げで実現した精進メニュー。北京ダックの代わりに使うのはパリパリに揚げた。この食感にこだわって探し求めて出会ったのが、宮城県・石巻産の油揚げ。薄いが中身が詰まっているので、焼くとパリとしながらもサクサクとした食感に。さらに蓮根やごぼうのチップス、シャキシャキのキュウリや人参や味噌を一緒に巻いて多彩な食感を楽しませる。

51

一般的なオイスターソースは
牡蠣のエキスを凝縮したものだ
が、ここでは椎茸を原料にした
精進料理用オイスターソースを
使用。とろりとして濃厚な旨味と
甘みがあり、オイスターソース同
様に炒め物や煮物に使う。

生産者と直接やりとりを
して仕入れる大きく肉厚
な椎茸。旬は晩秋から早
春にかけてで直径15〜
16cm程度になることも。

斎蠔油西冷菇
肉厚椎茸のステーキ

サーロインステーキをイメージしたというジューシーな椎茸のステーキは、肉厚で食べ
ごたえも十分。野菜のコースの主菜として供する。傘の直径が15〜16cmにもなる椎茸は
手の平に収まりきらないほど。この椎茸も陳総料理長と信頼関係のある生産者から厳選
して仕入れたこだわりの逸品。ソースには椎茸の旨味や風味を生かした精進用のオイス
ターソースを使用し、ベジタリアンメニューながら旨味とコクのある味わいに仕上げた。

作り方は58ページ ▶

攬菜煮豆腐
こだわり豆腐と
中国漬菜の煮込み

福島県南会津町から取り寄せた、こだわりの木綿豆腐がポイント。大豆の甘みや香りが濃厚で、煮込むと煮汁をしっかりと吸い込み、絹ごし豆腐のようななめらかな食感に変化する。豆腐はあえて切らず、鍋の中でくずしながら煮込んで味のからみをよくする。さらに攬菜(ランチョイ)、梅菜(ムイチョイ)などの漬物、精進用のオイスターソースで旨味やコクを加え、肉無しとは思えなし食べごたえのある一品に。

八珍素鍋巴
土鍋に響くおこげの歓声　五目野菜あんとの共演

熱した土鍋に揚げたてのおこげを入れ、客前で熱々の五目野菜あんをかける。その瞬間、土鍋から聞こえる「パチパチ、ジュー」というシズル感溢れる音が料理への期待を高める。おこげは自家製で、近郊の埼玉・越谷産の米「彩のかがやき」を炊いて薄くのばし、しっかり乾燥させてから香ばしく揚げる。サクサクと歯切れよい食感は自家製ならでは！　あんの野菜は、ミニ春菊、しめじ、万願寺唐辛子、湯葉、ヤングコーンなど、四季折々の野菜で彩りでも目を楽しませる。

功徳林甜点
本日のデザート

コースの締めくくりのデザートも最後まで満足していただきたいという想いからライチのシャーベット、仙草ゼリー、つぶあん、旬のフレッシュフルーツ数種類を賑やかに盛り合わせる。アイスクリームグラスに盛ることで食べやすく、また涼やかな印象に。デザート類によく使われる牛乳や生クリームなどの乳製品、卵を使っていないためアレルギーの方にも対応可能。スッキリとした味わいで、女性だけでなく男性にも好評だ。

斎湯燉竹笙
野菜の旨味を凝縮した特製スープ　絹笠茸を浮き実に

料理は50ページ ▶

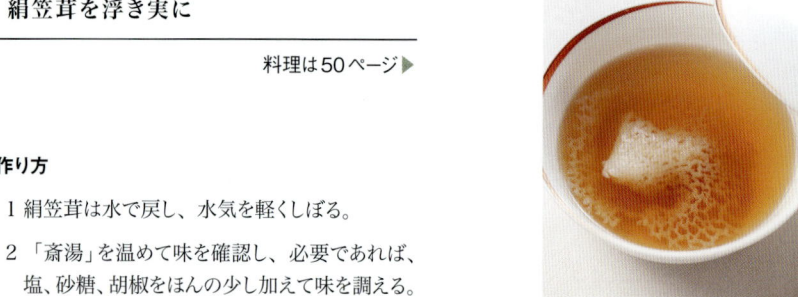

材料(1人分)
絹笠茸(乾燥)…1枚
斎湯※…120ml
塩、砂糖、胡椒(必要があれば)
　…各ごく少量

―――――――――――――

※斎湯
材料(作りやすい分量)
ふくろ茸(乾燥)…30g
A
┌ 野菜※…1.4kg
│ 　(冬瓜800g+白菜の外葉600g)
│ 大豆もやし…1パック(200g)
│ 陳皮…1片
│ 羅漢果…種部分2個
│ 棗(なつめ)…1/3個
│ 生椎茸の軸※…60g
└ 水…1.8ℓ

1 ふくろ茸(写真A)は熱湯で軽く茹で、汚れや
　余分な色を抜く。
2 大きめのボウルに1のふくろ茸とAの材料を
　すべて入れ、ラップをかけて蒸籠で約2時間
　蒸す。
3 2のボウルを取り出し、そのまま1時間おく(こ
　こでそのまま放置することで、材料からの甘
　みや旨味をさらに引き出す)。
4 ペーパータオルをしいたザルで3をこす(写
　真B)。
5 4をすぐに氷水にあてて急冷し、冷蔵庫で
　保管。オーダーごとに必要量を使う。

＊野菜の分量や種類は、季節によって変化する。
　その時期においしい野菜を用いてとる。大豆
　もやし、香港から取り寄せる乾燥のふくろ茸は
　必ず加えることがポイントで、これらがスープ
　のベースとなるうまみ、香りなどの素になる。

＊それぞれの野菜が持つ甘みや香りは季節に
　よって変わるので、その都度、味のバランス
　をチェックすることも怠らないようにする。今回
　は白菜と冬瓜を使用。冬瓜は皮も種もつけた
　まま使うとよいだしが出る。

＊椎茸の軸は「斉蠣油西冷菇(肉厚椎茸のス
　テーキ)」で使用した生椎茸の軸を活用。

―――――――――――――

作り方

1 絹笠茸は水で戻し、水気を軽くしぼる。

2 「斎湯」を温めて味を確認し、必要であれば、
　塩、砂糖、胡椒をほんの少し加えて味を調える。

3 2に1の衣笠茸を加えて、器に注ぐ。

香港から直接仕入れた希少な乾燥ふくろ茸。色が白くてきれいなものは希少で、このふくろ茸から出る旨味と風味が「斎湯」で重要な役割を果たす。

透明感のある琥珀色をした斎湯（チャイトン）の完成。風味がとんでしまうため、毎日必要な分だけとるようにしている。現在は1日に3〜4ℓ用意するが、野菜のコースや野菜料理の需要が増えているため、なくなってしまうことも。その場合は追加で斎湯をつくる。

攬菜煮豆腐
こだわり豆腐と中国漬菜の煮込み

料理は53ページ ▶

材料(2人分)

木綿豆腐…220〜230g(1丁900gの
　豆腐1/4丁分)

油…適量

攬菜(ランチョイ:みじん切り)…30g

梅菜(ムイチョイ:みじん切り)…15g

斉湯(精進スープ)・
　水(同割で合わせたもの)…250ml

塩、砂糖、醤油…各ほんの少々

大葉(ざく切り)…約2枚分

アスパラガス
　(縦半分に切って小口切り)…適量

水溶き片栗粉…適量

作り方

1 木綿豆腐(写真A)は、塩、砂糖少々(各分量外)
　を加えた熱湯でさっと茹でてボウルに茹で汁ご
　と移し、そのままおいて下味を入れておく。

2 鍋に油を熱して攬菜、梅菜(写真B)を入れて
　軽く炒めて、味と香りを引き出す。

3 2に斎湯と水を同割で合わせたものを加え、
　塩、砂糖、醤油を加えて味を調えて、大葉を
　加える。

4 1の豆腐の水気をきって3の鍋に入れ、さっと
　茹でたアスパラガスも加える。

5 水溶き片栗粉をまわし入れ、全体を大きく混ぜ
　ながら豆腐をくずす。最後に強火にして香りを
　引き出したら火を止める。

福島県南会津町特産のこだわりの木綿豆腐。1丁が約900gと大きくずっしり。大豆の旨味、甘みが凝縮。

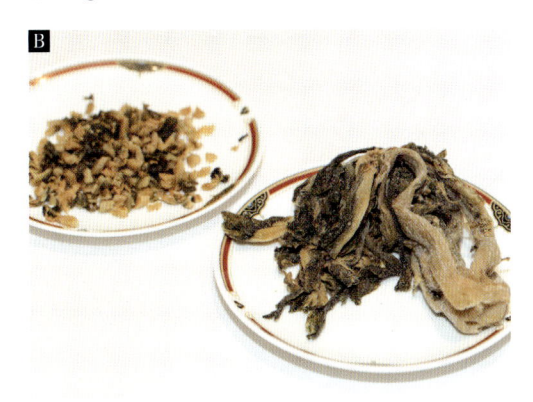

攪菜（ランチョイ）写真左
からし菜の一種を干してオイル漬けにしたもの。香港では、みじん切りにして瓶詰めしたものが有り、こちらを使用（写真左）。

梅菜（ムイチョイ）写真上
からし菜の一種を塩漬けにしてから天日干しにした干し漬け菜。料理に加えて旨味やコクを出す。

ウェスティンホテル東京 広東料理

龍天門

住所／東京都目黒区三田1-4-1 ウェスティンホテル東京 2F
電話番号／03-5423-7787
営業時間／ランチ［平日］11:30〜15:00／［土日祝］11:30〜16:30
　　　　　ディナー 17:30〜21:30

Ristorante Senso

リストランテ センソ

店主

近藤 正之

素材ごとに調理法を変えた、20種類の野菜を使うスペシャリテを

イタリアのミシュラン星付きレストランで1つ星を維持し長年ヘッドシェフとして腕を振るってきた近藤正之シェフ。伝統的なピエモンテ郷土料理に独自の解釈を加え、オリジナリティ豊かに素材を再構築したイノベーティブな料理を提供。

店名である「センソ」とは五感や感覚を意味する。「盛り付け・香り・温度・食感などさまざまな感覚を刺激するように調理方法を駆使し、食材のもつポテンシャルを最大限に活かし、お客様に喜んでいただけるように心を

込めています」と近藤シェフ。

提供しているコースでは、手打ちパスタや、素材ごとに調理法を変えた約20種類の野菜を使ったスペシャリテや、トマトのエスプーマやパプリカのフィナンシェなど野菜をふんだんに使ったメニュー構成で愉しませる。野菜は、西洋野菜のパイオニアとよばれる浅野ファームのもの。香りも良く野菜本来の濃い味わいで、イタリア野菜の種類も豊富にあり、活用している。

Ristrante Senso
リストランテ センソ

住所／東京都港区白金台5-17-10 SHIROGANEDAI THE 2000 B1F
電話／03-5449-6777
営業時間／ランチ［土のみ］12:00〜15:00（L.O.14:00）
　　　　　ディナー 18:00〜24:00（L.O.21:30）
定休日／日曜日・第二月曜日
http://wwwristorantesensotokyo/

色彩 色彩と名付けられた皿には、緑色の野菜たちが深みのある器に敷きつめられている。イタリア時代は"Midori"という名前で提供していたという近藤シェフの得意メニュー。野菜はその素材が一番おいしく食べられる調理法を使い分ける。生のまま・炒める・茹でる・揚げる・ソースと使う野菜は約20種類。ソースはバニラの風味をまとわせたブロッコリーのピュレと、ケールソースの2種。ケールは茹でて熱を加えることで、青臭さがなくなり甘くなりほどよい苦味がおいしい。一度冷凍してから解凍した卵黄は、絶妙な柔らかさで黄身がモチっとなりクリーミーで凝縮された濃厚な味わい。タレッジョはミルクの甘みが感じられるマイルドな味わいのチーズで軽い酸味でもちもちとした口あたりが滑らかに溶け合う。皿に盛り付けられ食べている野菜が何かを分かりやすくするために、お客様に提供する際に、野菜の素材名とそれぞれの調理法を記入した紙を一緒に添える。

森

材料
蕗
えのき
しどけ
クレソン
せり
山わさび
エディブルフラワー
青こごみ
山うるい
しおで
わらび
しいたけ…100g
ヒマラヤピンク塩…1g
グレープシードオイル…20g
根曲り筍
米ぬか
重曹
アルカリイオン水
ヘーゼルナッツ（ロースト）
胡桃（ロースト）
フリーズドライラズベリー
トマトウォーター※
カカオニブ
キノコソース※
よもぎソース※
ヘーゼルナッツの土※
カカオのクランブル※
ローリエ・ウォーター※

※トマトウォーター
フルーツトマト3対プチトマト1
塩…適量
1 トマトをざく切りと塩をミキサーにか
　ける。
2 濡らしたクッキングペーパーをザル
　に乗せて、ペースト状にしたトマト
　を入れて漉して一晩おく。

※キノコソース
材料
キノコピューレ…120g
卵黄…35g
サラダ油…75g
EXVオリーブオイル…25g
ヒマラヤピンク塩…1g
1 サラダ油とEXVオリーブをゆっくり
　混ぜてマヨネーズ状にして、キノコ
　ピューレと卵黄をハンドミキサーで
　まわす。最後にヒマラヤ塩で味を調
　える。

森 森に迷い込んで、散歩をしているかのようなひとときを野菜で表現した一皿。使う野菜は、山や野生のもののみで構成。クレソン、山わさび、セリは生のままで食感と苦味を味わう。こごみ、うるい、しおで、わらびは塩茹で。根曲り筍は炭火で香ばしく焼く。エノキとシドケはフリットにすると香りが強く味わいも濃くなる。フキは塩茹でし氷水でしめたあと、温めて熱くしたトマトウォーターをかけてマリネする。温めた中でマリネすると冷めていく工程で味がよく染み込む。しいたけはコンフィに。ひとつひとつの野菜を素材にあわせて丁寧に下処理することが大切なポイント。濃厚なコクで香り高く風味豊かなヘーゼルナッツはモルトパウダーと固め土に見立てた。あわせたのは、春の訪れを感じるよもぎ薫るマヨネーズとキノコソース。ドライラズベリーの甘酸っぱさ、サクサクのカカオのクランブルの食感をアクセントに。提供時、客席で、森の薫りがするローリエ・ウォーターをひと吹きする。

※よもぎソース

材料

茹でたよもぎ…20g

卵黄…50g

白ワインビネガー…4g

ヒマラヤピンク塩…2g

サラダ油…50g

EXVオリーブオイル…40g

1 茹でたよもぎ、卵黄、白ワインビネガー、ヒマラヤ塩をミキサーでまわして、サラダ油とEXVオリーブをゆっくり加えて乳化させる。

※ヘーゼルナッツの土

材料

強力粉…215g

モルトパウダー…100g

ヘーゼルナッツ入パウダー…100g

グラニュー糖…25g

チェルビアの塩…4g

ビール…75g

溶かしバター…60g

1 材料を全部混ぜて、90℃で6時間乾燥させる。

※カカオのクランブル

材料

バター…50g

薄力粉…50g

カカオパウダー…10g

グラニュー糖…20g

アーモンドプードル…100g

1 粉類はふるっておく。ボウルに薄力粉、グラニュー糖、アーモンドプードル、カカオパウダーを混ぜ合わせる。

2 1cm角に切ったバターを加え、粉をまぶしながら、指先でバターをつぶしていく。さらに指ですりつぶしてバターを細かくし、全体をそぼろ状にする。

3 180℃のオーブンで30分ほど焼く。

※ローリエ・ウォーター

材料

ローリエ…適量

水…適量

1 水とローリエを合わせて真空包装する。

2 60〜70℃のウォーターバスで40〜50分加熱する。

作り方

1 鍋に大粒の岩塩をいれて、蕗を4分ほど茹でて水水でしめる。筋をとる。タッパーに蕗を入れて、温めて熱くしたトマトウォーターをかけてマリネする（写真A）。キッチンペーパーを上にのせて1日おく。

2 バットに生のままのわらびを並べて灰を振りかけて、熱湯を注ぎ入れる。上にキッチンペーパーを上において半日おく（写真B）。

3 根曲り筍を鍋に入れて、米ぬかと重曹とアルカリイオン水を入れて30分茹でる。皮をむいて、半分にカットする。炭火グリルで焼いて、EXVオリーブオイルとサラダ油を混ぜたものにひたす。

4 しいたけのコンフィは、グレープシードオイルにヒマラヤピンク塩としいたけを入れて真空包装して、80℃の湯煎で8分かける。氷水にとり、袋をあけて中からしいたけを取り出す。カットする。

5 えのきとしどけは、180℃のサラダ油で揚げる。

6 青こごみ、うるい、しおでは茹でる。

〈盛り付け〉

1 皿に、キノコピューレとよもぎソースをひく。カカオニブとヘーゼルナッツの土を盛り付ける。

2 蕗、クレソン、せり、山わさび、青こごみ、うるい、しおでを盛り付ける。

3 えのき、しどけのフリットを盛り付ける。しいたけのコンフィ、根曲り筍を盛り付ける。

4 ローストしたヘーゼルナッツと胡桃を散らし、エディブルフラワーを添える。フリーズドライラズベリーを盛り付ける。ローリエ・ウォーターをスプレーで振りかける（写真C）。

色彩

料理は61ページ ▶

材料

a
- 水菜
- グリーントマト
- わさび菜
- サラダ春菊
- ナスタチウム
- マイクロクレソン

b
- スイスチャード
- 雪割菜

c
- グリーンアスパラガス
- 小松菜
- つるむらさき
- つぼみ菜

おかひじき
ルッコラ
黒キャベツ
ほうれん草

サラダ油
EXVオリーブオイル
塩
冷凍した卵黄
タレッジョ
ロビオラ・ディ・ブッファラ
ケールソース ※
バニラ風味ブロッコリーピューレ※

※ケールソース
ケール…100g
じゃがいも…50g
EXVオリーブオイル…適量
増粘剤(ジェルエスペッサ)…適量

1 ケールは芯をとり、葉は茹でて氷水でしめてすぐ皿にとる(写真A)。茹で汁はとっておく。
2 鍋にEXVオリーブオイルとじゃがいものスライスを入れて、塩をして炒める。ケールの茹で汁を加えて1/3くらいになるまで煮る(写真B)。
3 ミキサーにかけてまわす。茹で汁を足し、増粘剤を加えて濃度を整える。塩で味を整えて、EXVオリーブオイルを加えて、再度まわす(写真C)。

※ブロッコリーピューレ
ブロッコリー…1個
バニラビーンズ…1/3本
チェルビア塩…適量

1 鍋にブロッコリーとバニラビーンズ(サヤごと)共に茹でる。
2 ミキサーにブロッコリーとバニラビーンズ、適量の茹で汁と塩、EXVオリーブオイルをミキサーにかける(写真D)。

作り方

1 黒キャベツとほうれん草はオーブンで乾燥させる。黒キャベツはミルサーにかけパウダー状にする。
2 材料aの野菜は、洗って冷水でしめたあと、水気をとる。
3 材料bの野菜はEXVオリーブオイルで炒める。
4 材料cの野菜は塩茹でする。
5 おかひじきとルッコラは、サラダ油で揚げる。

〈盛り付け〉

1 皿にケールソースとブロッコリーピューレを流し、冷凍した卵黄、タレッジョ、ロビオラ・ディ・ブッファラを置く。
2 グリーンアスパラ、つるむらさき、つぼみ菜、グリーントマトを盛り付ける。
3 スイスチャード、雪割菜を盛り付ける。水菜、わさび菜、マイクロクレソン、ナスタチウムを盛り付ける。小松菜を盛り付ける。
4 乾燥ほうれん草を盛り付ける。
5 揚げたおかひじき、ルッコラを盛り付けて、黒キャベツパウダーを振る。

ZURRIOLA

スリオラ

オーナーシェフ

本多 誠一

野菜も素材の一つとして、
そのおいしさの根源を追求して調理

スペイン料理とは何か？ それは、素材をおいしく食べる料理だと、本多シェフは考えている。多民族国家であるがゆえに、様々な民族のおいしさが追求され、「素材」に行きついた。なので、野菜も素材の一つとして、大切に考えて調理している。コースの中に、1つは野菜料理を入れるようにしているのも、そのため。「スナップえんどうの軽い煮込み」は、

7年前のオープン以来のスペシャリテの一つ。

親しみのある野菜でも、素材を厳選すると、驚きのあるおいしさを表現できる。また、日本人にはなじみの薄い西洋野菜も、調理法で魅力が広がる。野菜本来の味わいを邪魔しないように注意しながら、本多シェフは野菜料理に取り組んでいる。

ZURRIOLA

スリオラ

住所／中央区銀座 6-8-7 交詢ビル4F
電話／03-3289-5331
営業時間／ランチ 11:30〜13:00（L.O.13:00）
　　　　　　［土日祝］11:30〜13:30（L.O.13:00）
　　　　　　ディナー 18:00〜21:00（L.O.21:00）
定休日／月曜日
http://zurriola.jp/

作り方は70ページ ▶

アーティーチョークのスープとフリット

アーティチョークが主体のスープとフリットの組み合わせ。ほろ苦いアーティチョークに、甘みのある手長エビのソテーを合わせて引き立てた。アーティチョークは色が変わりやすいので手際よく調理するのがポイント。また、変色を止めるのにレモン水をくぐらせると別の味が付いてしまうのでイタリアンパセリ水をくぐらせるなど、細かい配慮もする。

作り方は72ページ ▶

スナップえんどうの軽い煮込み

本多シェフが一番好きな野菜料理という一品。スナップえんどうが旬の6月、7月のみに提供するオープン以来のスペシャリテ。旬のスナップえんどうのサヤから豆を出して、小さい豆だけを選んで、スナップえんどうのサヤでとっただしで軽く煮る。何箱ものスナップえんどうから、1ザルほどしか取れない小粒の豆は、味が濃い。初めて食べる人は、皆、その味に驚くという。合わせるのは、アオリイカのソテーとブティファラネグラという豚内臓肉で作るパテ。

じゃがいものスフレ

現代版のじゃがいものスフレとも言える新食感の一品。メークインのピューレを薄く
延ばし、乾かしてから揚げる。合わせるのは、オリーブオイルやトマトのすりおろし
やパンで作るモホソース。前菜としてや、肉料理の付け合わせにも活用する料理。

作り方は74ページ▶

アーティーチョークのスープとフリット

料理は67ページ ▶

材料

アーティーチョーク…350g
ポワロー…50g
水…800ml
にんにく…少々
パセリ…少々
塩…適量
胡椒…適量
ほうれん草の葉…2枚
無塩バター…10g
生クリーム(35%)…25g
アーティーチョークのつぼみ
　（フリット用)…1個
イタリアンパセリ…少々
油…適量
手長海老…1尾
EXVオリーブオイル…適量
エビオイル…適量※

———————————————

※エビオイル
エビの殻…1kg
エシャロット…100g
オリーブオイル…適量
ブランデー…100ml
EXVオリーブオイル…800ml

1 エシャロットをスライスして、鍋に入れて
　オリーブオイルをひき炒める。エビの殻を
　入れて炒める。
2 ブランデーを加えてフランベする。
3 EXVオリーブオイルを加えて沸いたらアク
　を取り除き、ごく弱火で45分火入れをする。
　（油が酸化しないように必ず弱火で)
4 漉す。

———————————————

作り方

〈アーティーチョークのスープ〉

1 ポワロー、にんにく、パセリをアッシェにし小鍋
　に入れてオリーブオイルをひき、焦がさないよ
　うにゆっくりと火を入れて炒める(写真A)。

2 透き通ってきたら火力をあげて、アーティー
　チョークを手早くスライスして1の鍋にすぐ入れ
　る(写真B)。同時に、別鍋に水を入れて沸かす。

3 全体がしんなりしてきたら、別鍋の沸いた水を
　入れる(写真C)。塩、胡椒で味を調える。

4 強火から火力を落とし、沸いてる状態で5分煮
　る。

5 ほうれん草の葉、バター、生クリームを加えて
　1分煮る(写真D)。

6 ミキサーにかける。アーティチョークは繊維が
　多く、繊維の間に味があるのでよくまわす(写
　真E)。

7 シノワで絞るようによく漉す。塩、胡椒で味を
　調える(写真F)。

〈アーティーチョークのフリット〉

1 アーティーチョークのつぼみを掃除する。頭を
　おとし下1/3を使う。ガクを外し、中身をくり抜く。

2 バットに水とイタリアンパセリの枝を入れて、色
　止めのため漬ける(写真G)。

3 アーティーチョークを1/4にカットして180℃の
　油で素揚げする(写真H)。

手長エビのソテー

1 手長エビは、殻をむいて、塩、胡椒をふりフラ
　イパンにオリーブオイルをひき、背側（盛り付け
　たとき上になる側）からソテーする(写真I)。

2 裏面も焼いてエビオイルをかける。

〈盛り付け〉

1 皿にアーティーチョークのスープを注ぐ。

2 アーティーチョークのフリットを盛り付ける。

3 手長エビのソテーを盛り付ける。

4 エビオイルをかけ、ディルを添える。

スナップえんどうの軽い煮込み

料理は68ページ ▶

材料

スナップえんどう…60g
スナップえんどうのだし…適量※
ポワロー…少々
にんにく…少々
パセリ…少々
ミント…2枚
ドライシェリー…15ml
塩…適量
胡椒…適量
水…適量
EXVオリーブオイル…適量
アオリイカ…3切れ
ブティファラネグラのパテ…適量※
ピーテンドリル…適量

※ブティファラネグラのパテ

材料

豚の顔肉…半分
豚ほほ肉…2個
豚タン…1本
豚肺…1個
豚の心臓…1個
豚の胃袋…1個
豚の皮付きののど肉…600g
豚の皮…1kg
塩…適量
酢…適量
水…適量
豚の肩ロース…1kg
豚の背脂の塩漬け…300g
豚の血…500ml
塩…20g
白胡椒、黒胡椒…4g

1 豚の顔肉、ほほ肉、タン、肺、心臓、胃袋、皮付きののど肉、豚の皮をバットに入れて、水と塩と酢を混ぜた中に漬ける。
2 1を水で洗い流す。
3 鍋に2を入れて2時間茹でる。
4 タンの皮を剥き、茹でた肉をミンチにする。豚の肩ロースもミンチにする。
5 ミンチの全ての肉の分量1kgに対して、20gの塩と4gの白胡椒・黒胡椒を挽いたものを混ぜ合わせる。細かく切った背脂の塩漬けと、豚の血も加えてよく混ぜる。
6 テリーヌ型にクッキングペーパーをひき、5を詰める。アルミホイルで覆い、穴を開ける。
7 バットに水をはり、その上に6を置いて、160℃のオーブンで1時間湯煎で加熱する。
8 オーブンから出し、粗熱をとり、余計な油を捨ててから、重しをして冷やす。(カットし、盛り付ける前は、サラマンダーの下で温めておく)

※スナップえんどうのだし

材料

スナップえんどうのさや…適量

1 スナップえんどうのサヤを鍋に入れて、ひたひたの水を注ぎ火にかけて煮出す(塩は加えない)(写真A)。
2 沸いたら3分煮出す。
3 漉してだしをとる。

作り方

1 スナップえんどうはさやから豆を出し、小さなものだけ選んで使う。
2 ポワロー、にんにく、パセリをみじん切りにする。ミントも刻む。
3 1と2を小鍋に入れて炒める(写真B)。
4 ドライシェリーを加えて、スナップえんどうのだしをひたひたに注ぎ煮込む。塩、胡椒で味を整える(写真C)。
5 強火にして蓋をして3分半火入れをする(写真D)。
6 アオリイカは鹿の子に表面に切れ目を入れ、塩とEXVオリーブオイルをかけて、フライパンでソテーする。レアな感じに焼く(写真E)。
7 ブティファラネグラのパテをサラマンダーの下で温める。

〈盛り付け〉

1 皿にスナップえんどうの煮込みを盛り付ける。
2 イカを盛り付ける。
3 サラタマンダーの下で温めておいたブティファラネグラのパテを盛り付ける。
4 ピーテンドリルを添える。

じゃがいものスフレ

料理は69ページ▶

材料

じゃがいも…適量
水…適量
（茹でたじゃがいもに対して、
　じゃがいも7対水3の割合）

塩…適量
EXVオリーブオイル…適量
タイム…適量
ローズマリー…適量
モホソース※

※モホソース
EXVオリーブオイル…200g
トマトすりおろし…100g
トーストしたパン…50g
にんにく…1ケ
唐辛子…1/2本
オレガノ…少々
クミン…少々
シェリービネガー…25ml
パプリカパウダー…5g
塩…適量
胡椒…適量

1 すりおろしたトマトを水分が飛ぶように軽
　く炒める。
2 すべての材料と1をミキサーでまわす。

作り方

1 じゃがいもは皮をむき茹でてザルにあげる（写
　真A）。

2 茹でたじゃがいもが70%、水が30%の割合に
　してミキサーでまわす（写真B）。

3 シート状に2をバットに広げ、50℃のオーブン
　で乾わかす（写真C）。

4 じゃがいものシートに霧吹きで水をかけてふや
　かし、布巾ではさんで水分を取ってから半分に
　折りたたみ、布巾をかぶせて綿棒をころがして
　ピタッとくっつける（写真D）。

5 2cm×5cmの短冊にカットして180℃の油で
　揚げる（写真E）。

6 塩をふり、タイム、ローズマリーとともに皿に盛
　り付ける。モホソースを別皿に注ぎ共する。

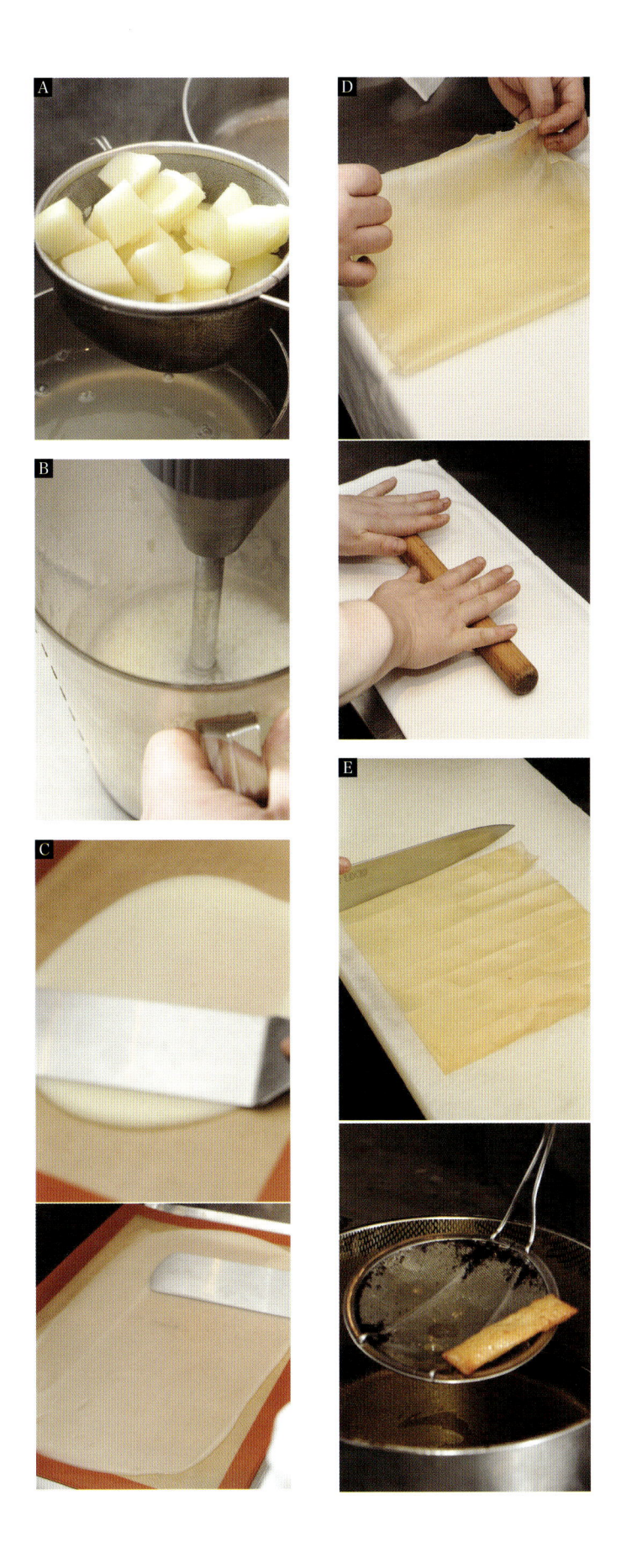

Gris

グリ

シェフ
鳥羽周作
スーシェフ
新圖宏之 (右)

野菜を引き立てるときは、
使う素材のパーツを、あえて絞る

『Gris』で提供される料理は、お任せコースのみ(全9皿)。鳥羽周作シェフの、独創かつシンプルに素材を活かすモダンフレンチと、ソムリエ外山博之氏のペアリングのマリアージュが店の魅力。

「生産者さんとお客様との架け橋になるのが僕の使命。志のある生産者さんがつくる良い食材がいろいろあるので、そのポテンシャルを引き出し、一皿にし伝えていけるよう精魂込めています」と鳥羽シェフ。

コース料理は、食べた翌日にも想いが残り、思い出してまた食べたいと思っていただける料理構成を心掛けている。具体的には、やさしい皿、力強い皿、はかない切ない皿、セクシーな皿など、単調にならないように組み立てる。

野菜は、その素材のおいしさを最大限に引き出すために、使う素材のパーツをあえて少なくして、何を食べているかが分かりやすいようにしている。野菜は、千葉県サンバファームの無農薬栽培の産直を中心に、全国各地の旬のものを選んでいる。

Gris
グリ

住所／東京都渋谷区上原1-35-3 第一上原堂ビル1F
電話／03-6804-7607
営業時間／ランチ［土日祝のみ］12:00〜13:30(L.O.)
　　　　　ディナー 18:00〜21:00(L.O.)
http://www.gris-yoyogiuehara.com/

作り方は80ページ▶

蛸、ビーツ

リゾットには卵焼きを添え、タコ、ビーツの全部を一緒に口に含むと、たこ焼きが思い浮かぶようなイメージで鳥羽シェフは考案した。ビーツは長野産、タコは銚子の一山いけすのもの。ビーツはスペシャリテにも使うほど鳥羽シェフが好きな食材。ビーツは見た目も鮮やで、甘酸っぱい味わいとの相性が良い。生の方が味わいと食感が良いので、スライスして使う。ビーツ特有の土臭さがあるので絞り汁にフランボワーズビネガーとハチミツをいれて沸かしたマリネ液につけてマスキングする。 銚子の一山いけすのタコは鮮度が抜群に良く、身はねっとりと、おいしくしく吸盤はプチプチコリコリした食感。それを活かすために、調理段階では火を入れすぎないように。イカ墨のソースに使う自家製トマトソースや、リゾットに使うブロードなど、基本のだしを丁寧にとることが味わいに深みを生み出す大切なポイント。

グリーンピースのエクレア

グリーンピースはイタリア産のものが特に甘みが強く、香りが良く、春のデザートのひと皿が色鮮やかで華やぐ。グリーンピースの甘さと味の濃さを引き立てるために、しっかりと塩が入ったお湯で固めに茹でて、茹で汁ごと冷ますことで香りの強い薄皮もしわにならない。茹でたグリーンピースとマイクロクレソンは、カラマンシービネガーとEXVオリーブオイルで和える。カラマンシービネガーは、柑橘特有の酸味とほんのり甘い風味でグリーンピースの味を際立たせる。甘く食感もありつつ青さも残すグリーンピースは、甘さとほろ苦さを併せ持つ繊細な香りのマジョラムとも相性がいいのでアイスにして共する。ホワイトチョコと口に含むと、香りと甘さがより強調され、食感はアクセントになる。コースの締めくくりであるデザートは、あえて糖度を高めにして満足感があるようにしている。

グリーンピースのエクレア

材料

グリーンピースのクレーム
パティシエール※…適量
グリーンピース…適量
マイクロクレソン…適量
カラマンシービネガー…適量
EXVオリーブオイル…適量
マジョラムのアイス※…適量
抹茶パウダー…適量
ホワイトチョコレート…適量
パータシュー※…1個

※グリーンピースのクレームパティシエール
材料
牛乳…500ml
バニラビーンズ…1/2本
卵黄…6個
グラニュー糖…300g
薄力粉…90g
イタリア産冷凍グリーンピース…300g

1 クレームパティシエールを作る。バニラのさやを縦に裂いて中のビーンズを出して、牛乳と共に鍋にいれて火にかける。沸騰直前まであたためる。
2 ボウルに卵黄を入れて泡立て器でほぐし、砂糖を加えて白っぽくなるまですり合わせて混ぜる。
3 ふるった薄力粉を加えて軽く混ぜる。1を加えて混ぜる。
4 シノワで漉して、再度、鍋に戻す。火にかけて、木べらで絶えず動かしながら焦がさないように炊く。全体に濃度がついてきてさらに混ぜながら火にかける。
5 クリームにつやが出てきたら火を止めて、薄バットに流し入れて氷水に当てて急冷する。
6 冷えたらボウルにうつし、なめらかになるまで混ぜる。
7 グリーンピースピューレを作る。グリーンピースは茹でて、ミキサーで回してピューレ状にする。シノワで漉す。
8 ボウルに、クレームパティシエールとグリーンピースのピューレを入れて混ぜ合わせる。

※マジョラムのアイス
材料
牛乳…500g
マジョラム…16g
練乳…250g

1 鍋に牛乳を入れて沸かし、マジョラムを入れて五分蒸らしてアンフュゼする。
2 漉してボウルに入れて練乳を加えて混ぜ合わせる。
3 アイスクリームマシンにかける。

※パータシュー
材料
水…64ml
牛乳…64ml
バター…64g
砂糖…3g
塩…1g
薄力粉…77g
全卵…1個(約128g)

1 バターを溶けやすいように細かく切る。鍋に、水、塩、バターを入れて火にかけて沸騰させる。
2 沸騰したら火から降ろし、ふるった薄力粉を加えて、木べらで手早く混ぜる。
3 ひとまとまりになったら再び火にかけ絶えず生地を混ぜながら火を通し、余分な水分を飛ばす。鍋底に薄い膜がはるくらいになったら火からおろす。
4 ボウルにうつす。まず1/3の卵を加えて、切りほぐすようにした後、力強く混ぜてつなげる。
5 残りの半分の卵を加え、同じように混ぜる。生地の固さを確認しながら、残りの卵も徐々に加えて混ぜる。
6 なめらかなツヤがあり、木ベラで生地をすくってみて、三角形になり垂れるように固さを調整する。
7 絞り袋に生地を入れて、シルパットのうえに絞る。粉糖を茶漉しでふりかけてオーブン160℃ 20分いれる。

作り方

1 グリーンピースを塩茹でする。ボウルにグリーンピース、カラマンシービネガー、EXVオリーブオイルを入れてあえる(写真A)。
2 エクレア生地の上部をカットする。上に、グリーンピースのクレームパティシエールを絞る(写真B)。さらに、1を上にのせる。マイクロクレソンをのせる(写真C)。
3 皿に2を盛り付ける。抹茶パウダーを茶漉しでふるう(写真D)。マジョラムアイスクリームを盛り付ける。ホワイトチョコレートを散らす。

蛸、ビーツ

料理は77ページ▶

材料

タコ…50g
ブロード※…70ml
リゾットベース…50g
押し麦…30g
イカ墨ソース※…大さじ3
EXVオリーブオイル…適量
ビーツ…適量(スライス)
フランボワーズビネガー…適量
ハチミツ…適量
ビーツパウダー※…適量
バター…適量
卵…1個
生クリーム…大さじ2
イカ墨ソース…大さじ3
自家製ガリ※…適量
自家製ガリ漬け汁…大さじ2

※ブロード
材料
丸鶏…3羽
玉ねぎ…2本
人参…2本
セロリ…1本
ローリエ…2枚
黒胡椒…ひとつかみ
塩…大さじ3
水…6ℓ

1 鍋を沸かして、丸鶏を入れて表面だけ湯通しする。
2 丸鶏の皮をとり、鍋の水を捨てる
3 鍋に丸鶏と、ざく切りにした材料を入れてアクをとりながら極弱火で5時間以上丁寧に煮込む。
4 最後に塩で味を調える。

※イカ墨ソース
材料
にんにく…ひとつかみ
エシャロット…ひとつかみ
オリーブオイル…適量
ヤリイカ…3枚
塩…適量
鮎魚醤…100ml
あさりダシ…適量
自家製トマトソース…500g
水…200ml
イカ墨ペースト…40g

1 フライパンに、にんにくとエシャロットをオリーブオイルで炒める。
2 1センチ角にカットしたヤリイカをフライパンに入れて、塩をして炒める。
3 鍋肌がパチパチしてきたら鮎魚醤を加える。あさりダシを加えて煮詰める。
4 半量になったら自家製トマトソースを加える。さらに煮詰める。
5 水を加えて、イカ墨ペーストを加えて混ぜ合わせ最後に塩で味を調える。

※ビーツパウダー
材料
スロージューサーで絞ったビーツの絞りかす…適量
絞り汁…適量
フランボワーズビネガー…適量
蜂蜜…適量

1 材料を鍋に入れて煮る。
2 水気を切りバットに並べてオーブン90℃に5時間かけて乾燥させる。
3 ミルサーでパウダー状にする。

※自家製ガリ
材料
生姜…適量
ホワイトバルサミコ…適量

1 生姜を切って湯通しする。
2 ホワイトバルサミコで漬ける。

作り方

1 ビーツをスライスして、フランボワーズビネガーとハチミツにつけ、ひと晩マリネする(写真A)。

2 タコは軽く塩洗いして6分ボイルする。タコをダイスにカットする。

3 フライパンに、リゾットベースと押し麦を入れて火にかける。2のタコの半量を入れて、自家製ガリ、自家製ガリ漬け汁、ブロードを加えて炊く(写真B)。

4 イカ墨ソースを加えて、詰まってくるまで火にかける(写真C)。

5 EXVオリーブオイルをまわしかけて、最後に2のタコの半量を加えてサッと火を通す(写真D)。

6 ボウルに卵と生クリーム、イカ墨ソースを混ぜ合わせる。別のフライパンを熱して、バターを入れて、混ぜ合わせた卵を入れて半熟オムレツを作る(写真E)。

7 皿に5のリゾットを盛り付ける。6のオムレツを上にのせる。1のビーツスライスを4枚覆うように盛り付ける。

8 最後にビーツパウダーを茶漉しでふるう(写真F)。

Le Beaucoup

ル ボークープ

オーナーシェフ

佐藤 武久

野菜の本来の旬の時期だけに、
その野菜の良さが伝わる料理を

「この料理は誰が作ったのか、すぐ分かるものを作りたい。余計な創作や華美な盛り付けはせずに、あくまでクラシックを軸に。使う野菜は味が濃いので、そのままダイレクトに伝わる野菜の料理を作っています」と佐藤シェフ。

その野菜は、栃木で自家配合の天然肥料を使って有機無農薬栽培している川田農園さん

のものと、佐藤シェフの母親が作る野菜を使用。野菜の本来の旬の時期のみ使うので、例えば人参のムースは冬季限定で提供。野菜の持つ甘みやおいしさをダイレクトに味わえ、かつ家庭ではあまり作らない野菜のムースやブランマンジェは人気が高い。また、ワインに合う料理ということを大切にし、お酒と一緒に愉しめる料理も心掛けている。

Le Beaucoup
ル ボークープ

住所／東京都渋谷区上原3-10-3 蒼天ビル1F
予約番号 050-3187-8838
予約以外 03-5738-7952
営業時間／ランチ［平日］11:30〜13:30 (L.O.13:30)
　　　　　［土日祝］11:30〜14:00 (L.O.14:00)
　　　　　ディナー 18:00〜21:30 (L.O.21:30)
定休日／月曜日（祝日の場合は翌日休み）、他月2回不定休
http://www.le-beaucoup.com/smartphone/

トウモロコシのスープ

初夏〜夏が旬のとうもろこしを主役にスープに。とうもろこしの甘みを生かし、チキンブイヨンで煮てシンプルなスープにしながらも、食感と温度に変化を加えることで、新感覚のスープのように愉しめる一品に仕立てた。とうもろこしのスープの中にはレモンのソルベが下に隠されている。一緒に食べるとレモンの酸味がスカッとして、シャリッとした食感があり、おもしろい。初夏や湿度の高い時期にリセットできるように組み合わせたものだ。また、焼きとうもろこしを添えて味わいや香ばしさに広がりをもたせた。深みを増すためにオマール海老の頭でとったジュレをトッピング。

作り方は88ページ ▶

マッシュポテトと豚バラのコンフィのテリーヌ

長崎産信太郎じゃがいもに出会い、このいもの良さを引き立たせる料理を考案した。信太郎じゃがいもは、男爵系の「出島」と「にしゆたか」の混合。ほんのりとした甘みがあるのが特徴。ゆっくり煮て加熱するとさらに甘さが増す。「肉じゃがの再構築です」と佐藤シェフ。信太郎じゃがいも、豚肉、人参の組み合わせが、この料理の発想の下地にある。ガルニチュールには色とりどりの野菜。それぞれの野菜の旨味を生かすために、野菜を温める時に使う鶏だしはあえてあっさりとしたものにしている。

作り方は90ページ▶

作り方は92ページ▶

加賀太キュウリのブランマンジェ
シャルトリューズのジュレと
フロマージュブランのソルベ

無農薬の加賀太キュウリを使ったデザート。4月下旬〜6月が旬の時期の加賀太キュウ
リは、太さが通常の倍以上ある。独特の青臭さが少なく、淡白でさっぱりとした口あた
りでやさしい味わいが特徴。ブランマンジェを軽やかな口当たりに仕上げるために、サ
ワークリームを使いさっぱりと仕上げた。瓜系の青い香りには、香草の入ったシャルト
リューズがよく合う。バニラの香りを含ませたシャルトリューズのジュレをアクセント
に加えて風味を複雑にもたせた。「加賀太きゅうりのブラマンジェとシャルトリューズの
ジュレを一緒に食べるとメロンみたいな味わいになるのもおもしろい」と佐藤シェフ。

グリーンアスパラガスのブランマンジェ トマトのジュレ
白エビ、じゅんさい、キウイ添え

春のプリフィクスコースの中でも、人気のある前菜。グリーンアスパラガスの青臭さをバニラペーストと合わせ
てまろやかなムースに仕立てた。最初に提供する品なので、パッと華やぐ宝石のようなビジュアルを大切にした
という。ゴールデンキウイは爽やかでありながら濃厚な甘みが強いので、アクセントになる。ここでは白エビを
添えたが、ウニでもおいしいので代用可能。じゅんさいはツルンとした喉ごしの良さがあり、味わいは淡白なので、
このブランマンジェにマッチする。クリアトマトのジュレで酸味を加えて涼しげな味わいに。春の旬の食材から、
初夏が旬のじゅんさいへと、移り変わる旬のおいしさを、いろいろな食感とともにグラスの中で表現した。

グリーンアスパラガスのブランマンジェ トマトのジュレ
白エビ、じゅんさい、キウイ添え

材料

アスパラガスのムース※…適量
トマトのジュレ※…適量
フルーツトマト…1個
ゴールデンキウイ…1/4個
アスパラガス…1本
白エビ…適量
じゅんさい…適量

※アスパラガスのムース
材料
アスパラガス…500g
牛乳…250g
粉ゼラチン…8.5g
（戻し用の水…42.5g）
卵黄…3個
グラニュー糖…40g
生クリーム…200g
塩…適量
胡椒…適量

1 ゼラチンは水で戻しておく。
2 アスパラを柔らかくなるくらいに茹でて、フードプロセッサーにかける。
3 その間に、牛乳、卵黄、グラニュー糖でアングレーズを作る。ゼラチンを入れて溶かす。
4 フードプロセッサーから2を出してシノワで漉す。
5 3と4をボウルに入れて冷やしながら混ぜてある程度の濃度になったら、八分立ての生クリームと合わせる。
6 塩、胡椒で味を整える。タッパー等に入れて冷蔵庫で冷やし固める。

※トマトのジュレ
材料
トマトのクリアウォーター…500ml
粉ゼラチン…7g
ゼラチンの戻し用の水…35g
塩…適量

1 ゼラチンは水で戻しておく。
2 トマトをざく切りにしてミキサーで回す。
3 シノワにキッチンペーパーをひいて1を流して一晩おきトマトクリアウォーターを作る。
4 トマトクリアウォーターにゼラチンを溶かして塩で味を整える。冷やしトマトのジュレを作る。

作り方
〈盛り付け〉

1 フルーツトマトとゴールデンキウイは一口サイズにカットする。アスパラガスは茹でて氷水にとり、一口サイズにカットする。
2 グラス型に、アスパラガスのムースを流し入れる。
3 フルーツトマト、ゴールデンキウイ、アスパラガス、白エビを順番にバランスよく盛り付ける。
4 トマトのジュレを盛り付ける。
5 じゅんさいを盛り付ける。

トウモロコシのスープ

料理は83ページ ▶

材料

トウモロコシ…2本
コーンクリーム缶（クレードル）…1缶
玉ねぎ…1個
チキンブイヨン…1ℓ
じゃがいも…2個
バター…適量
生クリーム…300ml
牛乳…200ml
カイエンヌペッパー…適量
海老のジュレ※…適量
レモンソルベ※…適量
車エビ…1尾
酢…適量
塩…適量
焼きトウモロコシ…適量
セルフィーユ…適量

※海老のジュレ
材料
オマールエビのだし…500ml
塩…適量
粉ゼラチン…6g
1 オマールエビのだしを火にかけ、沸いた
　ら塩で味を調えてゼラチンを加えて混ぜ
　る。
2 冷やして固める。

※レモンソルベ
材料
レモンジュース…250ml
水…500ml
トレモリン…125g

1 全ての材料を合わせる。
2 トレモリンが溶けたらアイスクリーマー等
　で回し固める。

作り方

1 スープを作る。バターで玉ねぎから水分がなくな
　るまでスゥエする。

2 ほぐしたトウモロコシ、じゃがいもの順に入れて
　炒める。多少じゃがいもに火が入ったら、ブイヨ
　ンを加えて30分煮る。

3 コーン缶を入れて10分煮る。

4 ミキサー等で良く回す。

5 漉して冷やす。冷えたら牛乳と生クリームを加え
　て混ぜ合わせる。塩、カイエンヌで味を整える。

6 車エビは、身と頭に分けて、頭の部分は弱い
　火でゆっくりと素揚げする。小鍋にお湯を沸かし、
　酢と塩を入れて車エビの身の部分を茹でる。

7 トウモロコシは、蒸したあとバーナーで炙り焼きト
　ウモロコシにする。

〈盛り付け〉

1 スープ皿に、レモンソルベを盛り付ける。

2 トウモロコシのスープを流し入れる（写真A）。

3 焼きトウモロコシを浮かべる（写真B）。

4 車海老の身を盛り付ける（写真C）。

5 エビのジュレを盛り付ける（写真D）。

6 車エビの頭を盛り付ける（写真E）。セルフィーユ
　を添える（写真F）。

マッシュポテトと豚バラのコンフィのテリーヌ

料理は84ページ▶

材料

豚バラ(2ミリスライス)…15枚
マッシュポテト※…適量
豚バラのコンフィ※…適量
ラヴィゴットソース※…適量
キャロットラペ※…適量
ごぼう…適量
サヤエンドウ…適量
人参…適量
大根…適量
ラディッシュ…適量
スナップエンドウ…適量
カリフラワー…適量
ケール…適量
塩…適量
EXVオリーブオイル…適量
鶏のだし汁…適量
じゃがいも…適量
万願寺唐辛子…適量
揚げ油…適量

※マッシュポテト
材料
じゃがいも…700g
バター…50g
生クリーム…30g
ナツメグ…適量
塩…適量
胡椒…適量

1 茹でたじゃがいもを、温かいうちに粘り気が出ないようにつぶす。
2 バター、生クリーム、塩、胡椒、ナツメッグで味を調える。

※豚バラのコンフィ
材料
豚バラ…500g
塩…7g
白粒胡椒…適量
にんにく(スライス)…適量
タイム…適量
ローリエ…適量

1 豚バラをハーブ等でひと晩マリネする。
2 翌日、キッチンペーパーで水気を切り、85℃のラードで約1時間半コンフィにする。

※キャロットラペ
材料
人参…1本
ヴィネグレット…適量
ハチミツ…少々
柑橘類ヴィネガー…少々

1 人参をせん切りにして塩をふり揉みこんで水分を絞る。
2 調味料で味を調える。

※ラヴィゴットソース
材料
玉ねぎ…100g
ディジョンマスタード…200g
コルニッション…3本
ケッパー…コルニッションと同量

1 玉ねぎをアッシェにして水にさらして辛みを抜く。サラシなどで水を絞る。ケッパーとコルニッションもアッシェする。
2 ディジョンマスタードと1を混ぜ合わせる。

作り方

1 マッシュポテトと豚バラのコンフィのテリーヌを作る。テリーヌ型に豚バラスライスを貼っておく。

2 マッシュポテトを1番下に絞り、あらかじめ用意しておいた豚バラのコンフィをテリーヌの中心にくるように成形して型に入れる。空いたところをマッシュポテトで埋めていく。

3 豚バラスライスでふたを閉じる。

4 湯煎をし、200℃のオーブンで30分加熱する。

5 オーブンから出したら氷をあてて冷ます(写真A)。(保存する場合は、テリーヌ型から外しラップで巻き冷蔵庫に保存する)

6 テリーヌを一口大にカットしオーブン200℃で10分加熱する(写真B)。

7 付け合わせの野菜は、ごぼう、サヤエンドウ、人参、大根、ラディッシュ、スナップエンドウ、カリフラワー、ケールは下茹でをする。一口大にカットし、塩とEXVオリーブオイル、鶏のだし汁をかけて温める(写真C)。じゃがいも、万願寺唐辛子は素揚げする(写真D)。

〈盛り付け〉

1 皿に野菜を盛り付ける。ラビゴットソースを盛り付ける。

2 キャロットラペを盛り付ける。

3 マッシュポテトと豚バラのコンフィのテリーヌを盛り付ける(写真E)。

加賀太キュウリのブランマンジェ
シャルトリューズのジュレとフロマージュブランのソルベ

料理は85ページ▶

材料
加賀太キュウリのブランマンジュ※
　…適量
シャルトリューズのジュレ※…適量
フロマージュブランのジュレ※…適量
ミント…適量
粉糖…適量

※ブランマンジェ
材料
加賀太キュウリ…200g
グラニュー糖…160g
サワークリーム…50g
牛乳…300ml
粉ゼラチン…7g
ゼラチンの戻し用の水…35g
水…100ml
生クリーム…100g(七分立て)

1 加賀太キュウリをスライスしグラニュー糖と合わせ、ひと晩マリネする。
2 牛乳、サワークリーム、マリネしておいた1を鍋に入れ沸かす。沸いたらミキサーで回す。
3 漉して冷やす。
4 ふやかしておいたゼラチンを沸かした湯で溶かし混ぜ合わせる。
5 とろみが付いてきたら七分立ての生クリームと合わせて好みの型などで固める。

※シャルトリューズのジュレ
材料
白ワイン…250ml
水…250ml
グラニュー糖…100g
ゼリーミックス…8g
シャルトリューズ…30ml
ヴァニラのさや…2cm分

1 ゼリーミックスとグラニュー糖をよく混ぜ合わせておく。
2 鍋に白ワイン、水、バニラのさや、シャルトリューズを入れて沸かす。1を入れて再沸騰させる。
3 漉して冷やし固める。

※フロマージュブランのソルベ
材料
フロマージュブラン…500g
牛乳…500ml
サワークリーム…50g
グラニュー糖…250g
レモン果汁…2個分
オレンジ果汁…1個分

1 オレンジとレモンを絞ってパッセする。
2 牛乳とグラニュー糖を小鍋に入れて沸かす。
3 火を止めて冷ます。冷めたら1を合わせてパッセする。
4 アイスクリーマー等で回し固める(写真A)。

〈盛り付け〉
1 皿にキュウリのブランマンジェを盛り付ける(写真B)。
2 シャルトリューズのジュレを盛り付ける。
3 フロマージュブランのソルベを盛り付ける。
4 ミントを添えて、粉糖を茶漉しでふりかける。

cuisine française
NARITA YUTAKA

ナリタユタカ

オーナーシェフ

成田 寛

野菜だけでも物足りなくないよう、食感・香り・濃度でアクセントを

クラシックなフレンチをふまえつつ、和食の技法を組み込んだり、イタリアンの要素を加えたものや、素材本来の味を生かす軽やかな料理を提供している。

「食材は知っている顔の農家さんのものを使いたい。直接、農家さんが送ってくださる野菜は種も捨てずに使います。この絆を有難く思い、料理に心を込めています」と成田シェフ。

コースで提供される料理には、野菜だけの皿が常時ある。ベジタブルランチライトコースも人気。野菜だけのコースを組み立てるときは物足りなさが出やすいので、濃い食材を使用したり、食感や香りのアクセントを加え、満足感を工夫する。野菜は全国各地の旬のものを、時期や素材により使い分けている。味が濃く彩り鮮やかな鎌倉野菜や、成田シェフの故郷である北海道から産直のものを特に気に入って使っている。

cuisine française NARITAYUTAKA
ナリタユタカ
住所／東京都目黒区中目黒1-10-23 リバーサイドテラス 103
電話／03-5734-1214
営業時間／ランチ 11:30〜15:00 (L.O.13:30)
　　　　　ディナー、バー 18:00〜24:00 (コース L.O.21:00)
定休日／月曜日
http://narita-yutaka.com

作り方は100ページ ▶

小金丸トマト×あまおう

5月の旬を意識したカクテル仕立ての前菜。福岡県糸島市の小金丸農園さんの「小金丸トマト」は味が濃くて甘い。このトマトに出会って考案した品。トマトのフローズンカクテルは、酸味と甘みのバランスがおいしさのポイントなので、イチゴで酸味をプラス。トマトとイチゴはミキサーにかけたあと1日かけてゆっくり漉して旨味や甘みを抽出する。炭酸氷は普通の氷よりも爽快感があり、すっきりとしているので食欲も出てくる効果もある。エルダーフラワーのリキュールは洋梨やアプリコットをイメージさせるようなやさしい香りで、トマトの甘い緑の香りとマッチする。コンソメのエスプーマ、バジルのアイスを添えてカクテルグラスに注ぎ、フローズンダイキリのようなイメージで仕立てた。

キュウリ×海老

6月の旬を意識した前菜。農薬不使用の鎌倉野菜のあやめ雪かぶとキュウリが野菜の主役。合わせたのは桜海老とボタン海老。キュウリはすりおろして濾したものをジュレにする。青くさいキュウリの香りやコクのあるものにはあえて反対の、甘みのあるものを合わせると引き立つ。桜海老はバターでソテーしたあとにフュメでつめてピューレに。桜海老のまろやかさはカブとマッチする。カブと生のボタン海老はシンプルにEXVオリーブオイルでマリネ。沖縄の宮古島のハーブ園で12月にとれたハイビスカスのローゼルは、酸味があるので花の味わいや香りをそのまま生かしてピクルスに。爽やかな味わいのハーモニーが初夏にぴったりの1皿。

作り方は102ページ ▶

作り方は104ページ▶

ホワイトアスパラ×牡蠣

北海道の代表的な食材を使い、5〜6月が旬のもので一皿に。モリーユアスペルジュの再構築。ホワイトアスパラガスは北海道追分町と富良野のものを組み合わせた。北海道内でも産地により味が異なり、それぞれのおいしさを引き出す調理法までも変わる。追分町のは力強い味わいで蒸し煮がおいしい。富良野産のは、やわらかな甘い味わいで塩茹でが良い。春が旬のモリーユ茸は香りと旨味が強い。ホワイトアスパラガスにその旨味を足して凝縮させる。さらにカキの濃厚なソースと味の締まったカキのコンフィで深みを出す。アクセントにミネラル感がおいしい、しらすパウダーを添える。これだけだと味わいがくどいので、グルビッシュソースの酸味と実山椒のピクルスと木の芽でさっぱりとさわやかな辛味をプラスした。

グリーンアスパラ×卵

6月の時期のデザート。旬のグリーンアスパラの甘みと生のアスパラガスの青臭さの香りを楽しんでもらう一皿。グリーンアスパラは北海道富良野産。このグリーンアスパラに少し抹茶ぽい風味を感じ、デザートに合うと思い考案した。ゆっくりソテーして生クリームや卵とミキサーにかけてカタラーナにする。デザートに仕立てるとアスパラの心地よい苦味が弱くなるので、コクと苦味を足すためにカタラーナはバーナーで炙ってキャラメリゼにし、カカオのサブレもプラス。カカオの苦味がマッチし、クランブルのサクサク感もアクセントになる。富良野産グリーンアスパラは、やさしい味わいで香りが良く、その素材の風味を味わってもらいたいので生のスライスも添える。 ラベンダーのハチミツは、グリーンアスパラの青臭さをやさしい味わいにする役割を。グリーンアスパラの苦味、甘味、旨み、香りを堪能できる一皿でもある。

グリーンアスパラ×卵

材料

グリーンアスパラのカタラーナ※
グラニュー糖…適量
グリーンアスパラのスライス…3枚
ラベンダーのハチミツ…少々
カカオのクランブル…適量※

──────────────

※グリーンアスパラのカタラーナ
材料
グリーンアスパラ…400g
バター…30g
牛乳…100g
生クリーム38%…800g
グラニュー糖…230g
卵黄…8個
全卵…1個
ゼラチン…5枚

1 グリーンアスパラはスライスしてバターで
　色がつかないように炒める。
2 牛乳と生クリームを入れ、沸騰する前に
　ミキサーでよく回し目の細かいシノワで漉
　す。
3 ブランシールした卵に2のアパレイユを加
　えて、アングレーズを炊き、最後にゼラチ
　ンを加え漉し、型に流す。冷やし固める。

※カカオのクランブル
材料
グラニュー糖…115g
バター…115g
強力粉…200g
カカオプードル…25g

1 材料全部をフードプロセッサーで回す。
2 バットに広げてオーブンで170℃で20分
　焼く。手でほぐす。

──────────────

作り方

1 グリーンアスパラのカタラーナを、カットし皿に
　盛り付け、バーナーで炙る(写真A)。
2 グリーンアスパラを生のまま薄くスライスをし
　て、1の上にのせる(写真B)。
3 ハチミツをかける。
4 カカオのクランブルを盛り付ける(写真C)。

小金丸トマト×あまおう

料理は95ページ ▶

材料
カクテルベース※…60g
炭酸氷…30g
イチゴとトマトのエスプーマ※…適量
バジルとライムのソルベ※…適量
小金丸トマト(角切り)…20g
マイクロバジル…1枚

※カクテルベース
材料
小金丸トマト…550g
ウォッカ…70g
St-Germain エルダーフラワーのリキュール
　…50g
レモン汁…20g

1 湯むきしたトマトとリキュールをミキサーに
　かける。レモン汁を混ぜる。

※イチゴとトマトのエスプーマ
材料
イチゴ…500g
小金丸トマト…750g
ゼラチン…1.5%

1 イチゴとトマトをミキサーにかけて粗めに
　攪拌する。
2 サラシに乗せて軽めの重しを乗せ、1日
　かけて漉す。
3 漉した液体に対して1.5%のゼラチンを加
　え、ジュレ状にする。
4 エスプーマに詰める。

※バジルとライムのソルベ(パコジェット用)
材料
ライムピューレ…400g
フレッシュバジルの葉…2パック分
リンゴ(皮と種を取り除いた状態)…300g
水…600g
グラニュー糖…280g

1 鍋に水、グラニュー糖、リンゴを入れて
　加熱する。
2 リンゴに火が入ったら、ライムピューレと
　合わせて火からおろす。氷水で冷やす。
3 バジルの葉を加え、パコビーカーに入れ
　て凍らせる。
4 凍ったら2回ほど回して滑らかな状態にす
　る。

作り方

1 トマトを湯むきし、さいの目に切る(写真A)。

2 カクテルベース60gと炭酸氷 30gを容器に入
　れてバーミックスで攪拌する(写真B)。

3 カクテルグラスに2を注ぐ。

4 イチゴとトマトのエスプーマを絞る(写真C)。

5 湯むきしてさいの目に切ったトマトを乗せる。

6 バジルのソルベを乗せる。

7 マイクロバジルを飾り付ける(写真D)。

炭酸氷

キュウリ×海老

料理は96ページ ▶

材料

カブのピュレ※…15g
キュウリのスライス…8枚
キュウリのジュレ※…30g
ボタンエビ…1尾
あやめ雪カブ…2cm四方のカット3個
e.x.vオイル…適量
　（辛めのものが良い）
シトロンキャビア…少々
桜エビのピュレ※…10ml
ハイビスカスローゼルのピクルス
　…1片

―――――――――――――

※カブのピュレ
材料
白カブ…500g
バター…50g
ブイヨン…200ml
牛乳…100〜200ml

1 1センチくらいの厚さに切った皮付きのカ
　ブをバターでソテーし、蓋をして蒸し焼き
　にしながら水分を飛ばして行く。色づか
　ないように優しく火を入れる。
2 ブイヨンを加え半分くらいまで煮詰める。
3 牛乳を加え、沸く直前にミキサーにかけ
　て滑らかになるまでしっかりと攪拌する。

※キュウリのジュレ
材料
キュウリ…適量
塩…キュウリ汁の1%
ゼラチン…キュウリ汁の1.3%

1 キュウリをすりおろしサラシで絞り漉す。
2 漉した液体を鍋に加え、液体の1%の塩
　と1.3%のゼラチンを溶かし、全体に混ぜ
　てジュレ化させる。

※桜海老のピュレ
材料
生桜海老…500g
バター…50g
フュメドポワソン…200ml
塩…適量

1 バターで生桜海老をソテーし、フュメドポ
　ワソンを加え軽く煮詰める。
2 1をミキサーにかけてしっかりと攪拌し、
　目の細かいシノワで漉す。
3 塩で味を整える。

作り方

1 キュウリは薄くスライスして軽く塩をして揉み込
　んでおく。

2 カブは4等分に切り、さっと茹でる。湯から出
　してきっちり氷水で冷やすが、極力短時間で
　冷やし、水気を切る。水につけ過ぎてしまうと
　水っぽくなりカブの香りが感じられなくなりま
　す。一口大にカットする。

3 ボタンエビとカブをボウルに入れて、E.X.Vオイ
　ルと軽く塩、シトロンキャビアを入れてからめる
　（写真A）。

4 カブのピューレを皿に盛り付ける。キュウリの
　スライスを盛り付ける（写真B）。

5 ボタンエビとカブを盛り付ける。キュウリのジュ
　レをのせる（写真B）。

6 桜エビのピュレをボタンエビの上にのせる。ハイ
　ビスカスローゼルのピクルスを添える（写真B）。

桜エビのピュレ

A

B

ホワイトアスパラ×牡蠣

料理は97ページ ▶

材料
ホワイトアスパラ…2本
ベビーオイスター…2個
牡蠣のピュレ※…適量
山椒のグルビッシュソース※…適量
モリーユ…3個
ヴァンジョーヌソース※…適量
生ハム…少々
ブイヨン…50cc
バター…適量
しらすパウダー※…10g
オイスターリーフ…1枚

※牡蠣のピュレソース
材料
生牡蠣…500g
白ワイン…30ml
ブイヨン…300ml
バター…100g
生クリーム…100ml
塩…適量

1 牡蠣をオリーブオイルで香ばしく焼き、白ワインを加えて煮詰め、続いてブイヨンを加えて煮詰める。
2 生クリームを加え、ミキサーで回るギリギリまで煮詰める。
3 最後にバターを加え、ミキサーでよく攪拌し塩で味を整える。

※山椒のグルビッシュソース
材料
半熟茹で卵…4個
　（水からボイル沸騰してから7分の卵）
ディジョンマスタード…10g
エシャロット…30g
実山椒のピクルス…20g
白バルサミコ酢…30g
オリーブオイル…50g
木の芽…少々
塩…適量

1 半熟茹で卵の黄身とディジョンマスタード、白バルサミコ酢を混ぜて、オリーブオイルを加え混ぜあわせる。
2 エシャロットと実山椒のピクルスと木の芽のシズレを加える。茹で卵の卵白のみじん切りを加えて、最後に塩で味を調える。

※ヴァンジョーヌソース
材料
エシャロット…100g
乾燥モリーユ…20個
フレッシュモリーユ…20個
ヴァンジョーヌ…200ml
生ハム…20g
生クリーム…200ml
バター…適量

1 乾燥モリーユは水に浸して戻す。（漬け汁も使う）
2 エシャロットと生ハムをスライスし小鍋に入れてバターで炒める。
4 ヴァンジョーヌを加え、煮詰める（写真C）。
5 乾燥モリーユの戻し汁を加え、再度煮詰める（写真D）。
6 半分弱に煮詰まったら生クリームと分量のバターを加え一煮立ちさせ、塩で味を調える。
7 目の細かいシノワで濾した後、乾燥モリーユを加えて火を入れる、火が入ったら乾燥モリーユは取り出して角切り用に使う（写真E）。
8 フレッシュモリーユも同様、火を加え、こちらは丸のままソースに入れて冷ます（写真F）。

※しらすパウダー
材料
しらす…適量

1 しらすをオーブンで色がつかないように乾燥させて、手で細かく砕く。

牡蠣のソース

乾燥モリーユ

しらすパウダー

作り方

1 牡蠣のコンフィを作る。ベビーオイスターは、1〜1.5%の塩をして30分ほどしてから出てきた水分を拭き取りオイルでコンフィにする（写真A）。

2 65〜70℃のオーブンで約30分ほど加熱する。

3 ホワイトアスパラをカットし、モリーユの戻し汁とブイヨン、バター、生ハムスライス少量、先に加熱したフレッシュモリーユを加え蓋をして蒸し煮にする。上下を入れ替えながら均等に火を通す（約3〜5分）（写真B）。

4 牡蠣のソースは深めの鍋に入れ湯煎にかけておく。

5 山椒グルビッシュソースはバーミックスを使って泡立てる。

6 牡蠣のピュレソースを皿にひく。ホワイトアスパラの穂先を1のソースの上に2本立てて盛り付ける。

7 ソースと6のホワイトアスパラのまわりを囲むように、角切りにカットしたモリーユを盛り付ける。牡蠣のピュレソースを皿にひく。

8 山椒グルビッシュソースを皿にひく。しらすを皿に盛り付けて、牡蠣の殻を置き、オイスターリーフを殻の上に置き、牡蠣のコンフィをのせる。

9 アスパラを盛り付ける。モリーユを盛り付ける。

10 牡蠣のコンフィを盛り付ける。　泡をかける。

Élan
MIYAMOTO

エラン ミヤモト

オーナーシェフ

宮本 英也

美容効果、アンチエイジングも意識し、
1皿1皿の華やかさを大切にする

『Élan MIYAMOTO』では、大西ハーブ園の無農薬ハーブをふんだんに使ったスペシャリテをはじめ、新鮮な旬の野菜を多く使ったメニュー構成が特徴。
「食材選びは、おいしいから…という点だけではなく、身体にとりいれて健康に良いもの、美容効果やアンチエイジングがあるものを取り入れています。おいしそう、というトキメキが大切なので盛り付けも色鮮やかに仕上げています」と宮本シェフ。

食べ応えはあるが胃にもたれず、次の日もすっきりとした軽やかな料理は、健康と美の効能・効果を生かし、栄養滋養たっぷりを内包した美養食。素材を活かし、シンプルに調理し、使う食材のパーツは多くしてコースは満足度を持たせるが、全体的にやさしい味わいに仕上げている。記念日での利用が多いので、エディブルフラワーを使ったスペシャルなケーキなど、華やかな演出もする。

コースメニュー

1皿目 カリフラワーのフラン⑦
2皿目 エランヴィタール③
3皿目 花ズッキーニ シマエビビスクスープ④
4皿目 京美白とロースト野菜⑤
5皿目 甘鯛の鱗焼き⑥
7皿目 桃のコンポート①
8皿目 焼き菓子プレート②

エランヴィタール

スペシャリテの一つ。青森県大西ハーブ農園とは、宮本シェフが「シェ松尾」で働いていた頃から20年の付き合い。年間を通して約200種類以上もの新鮮な完全無農薬の"食べるハーブ"とエディブルフラワーを育てている。原種のタネから育てられたハーブは生き生きとしていて味も濃く、繊維のしっかりした食感で香りも強い。このハーブを使いたいと思い、考案したメニュー。ハーブを食事の前に食べることで、胃腸が活性化されるメリットやアンチエイジングの効果もある。カラフルなトマトは軽井沢、高知、長野からの無農薬産直もの。生ハムは群馬の水上町の13カ月熟成無添加のもの。パウダー状にしたオーガニックのEXVオリーブオイルは口に含むとふわりと溶けて野菜を引き立てる。野菜やハーブの生命の躍動(Élan)と魅力を堪能できる一皿に仕上げた。

カリフラワーの
フラン

アミューズの品。紫ウニ、黄金イ
クラ、尺ヤマメのマリネなど、旬
の魚介との組み合わせ。紫ウニは
無添加でミョウバン未使用の鮮度
が良いもので、独特の磯の香りと
淡白な上品な甘さが特徴。宮崎の
しゃくなげの森の渓谷で獲れる幻
の尺ヤマメはハーブでマリネす
る。尺ヤマメのマリネもほんのり
甘みがあり、寄り添う。カリフラ
ワーのフランは、チキンコンソメ
のジュレを共し、動物性の旨味を
足してアクセントに。マイクロク
レソン、マイクロ赤紫蘇、アリッ
サムは無農薬の大西ハーブ園のも
の。アリッサムの花は甘い芳香で、
小さく細かい可愛らしい花。盛り
付けで華やかさと薫りを愉しめる
ようにした。

作り方は113ページ ▶

作り方は114ページ ▶

花ズッキーニ シマエビビスクスープ

花ズッキーニが主役の温前菜、スープ。花ズッキーニに合わせたのは、ホタテと濃厚なシマエビのビスク。花ズッキーニは黄色い花の部分に、ホタテのムースを詰めてスチコンでやさしく火入れ。花ズッキーニのめしべの周辺はオクラのようなとろみ、花びら部分はほのかな苦みがある。クリーミーで甘みとコクのあるホタテのムースと合わせると互いの食感と風味が引き立つ。北海道産のホタテは肉厚でぷりっとしていて生で食べると舌の上でとろけるような食感とコクのある甘みがあるので、ほとんどレアの状態になるように軽くポワレする。表面はカリッとして中はプリっともっちりとした食感のホタテになる。青森産シマエビは、甘みとエビらしい風味が強い。シマエビの濃厚なジュと香味野菜、フォン・ド・ボライユとヒュメで煮込む。野菜のみだと淡白になりがちなので旨味をぎゅっと濃縮させたスープにした。

京美白とロースト野菜

京美白鶏は、京都産の地鶏で16週間以上飼育して脂肪は少なく、肉の甘みがあり、あっさりとしながらコクもあり、歯ごたえある食感が特徴。青森産の鴨や北海道産のラム(サフォーク種)を使うこともある。京美白鶏はタイムとローズマリーと焼いたあとスチコンで「火入れ→休ませる」を繰り返して肉がやわらかく仕上げる。野菜は、ローストしておいしさが引き立つ野菜を選んで合わせた。北海道産のホワイトコーンとホワイトアスパラ、長野産の白人参とカリフローレはスチコンで加熱して甘みを引き出したあとに、ロースト。香り高くピリッとした辛味のある実山椒のソースをアクセントに、野菜の甘みと旨味を引き出した白い野菜のピュレを添えた。

作り方は116ページ ▶

甘鯛の鱗焼き

甘鯛の鱗焼きには、パプール野菜とソテーした野菜をガルニチュールに。白人参、黄人参はスチコンで加熱。インカのめざめは10分。ブロッコリーは4分、ズッキーニは2分と時間が長いものから順にスチコンに入れていき、仕上がり時間が同時になるように加熱。スウィートホルムとたもぎ茸はソテー。パプリカのビタミンやカロテンは油と一緒に加熱した方が吸収率が高まるので調理法も、野菜により使い分ける。甘鯛は鱗だけパリパリに揚げ焼きにしたあと、鉄板でさらに皮目を焼き、サラマンダーで油を落とす。フォンドボーとシェリービネガーのソースを共する。ハーブの乾燥させたパウダーを散らし、京都の葉人参、大西ハーブ園のマイクロリーフとアマランサスを添えた。

カリフラワーのフラン

料理は109ページ ▶

材料
カリフラワー…1個
卵…8個
生クリーム…300ml
牛乳…300ml
チキンブイヨ

ムラサキウニ…適量
チキンブイヨンのジュレ…適量
尺ヤマメの身のマリネ…適量 ※
黄金イクラ…適量
マイクロクレソン…適量
マイクロ赤じそ…適量
アリッサム…適量

※尺ヤマメの身のマリネ
シャクヤマメ…適量
酢氷水…適量
ホワイトペッパー…適量
レモンの皮…適量
セルフィーユ…適量
ディル…適量
エストラゴン…適量

1 シャクヤマメは塩をうって30分置く。
2 酢と氷を入れた水で洗う。キッチンペーパーで軽く水気をとる。
3 ホワイトペッパー、レモンの皮、ハーブ、新玉ねぎスライスと一緒にオリーブオイルで一晩マリネする。

作り方
1 カリフラワーをカットして鍋に入れる。
2 牛乳2対水1の割合でひたひたに注ぎ入れて、カリフラワーがやわらかくなるまで煮る。
3 やわらかくなったらミキサーでまわす。
4 卵と生クリームと牛乳を混ぜ合わせる。熱いうちに3と混ぜ合わせ、チキンブイヨン、塩で味を調える。
5 スチコン110℃で14分、ラップをして火入れをする。
6 冷やす。

花ズッキーニ シマエビのビスクスープ

料理は110ページ ▶

材料

ホテテ…3個
　（1個はポワレ、2個はムース用）
花ズッキーニ…1個
ノーザンルビー…1個
塩…適量
胡椒…適量
シマエビ…25g
エビのコンソメゼリー…適量

―――――――――

〈ホタテのムース〉
生ホタテ…2個
卵白…1/2個
塩…適量
胡椒…適量
カイエンペッパー…適量
コニャック…適量
生クリーム45%…大さじ1
エストラゴン…少々
SOSAインスタントゼラチン…適量

1 よく冷やした生ホタテをロボクープでまわす。
2 卵白1/2個を加えてさらにまわす。
3 塩、胡椒、カイエンペッパー、コニャックを加えて混ぜあわせる。
4 氷を当てたボウルにうつす。生クリームとエストラゴンアッシェを加えてつなぐ。
5 シマエビは、スチームモード、90℃のスチコンで3分加熱する。皮を剥いてマセドワンにカットして4に加えて混ぜる。
6 絞り袋に入れて花ズッキーニの中に詰める。

〈シマエビのビスク〉
エビの頭、剥いた殻…適量
玉ねぎ…1/2個
人参…1/2個
セロリ…1/2個
オリーブオイル…適量
a
┌ トマト…1個
│ ブーゲガルニ…適量
│ トマトコンサントレ…小さじ1
│ 白ワイン…1/3本
│ ノイリー酒…1/3本
│ タイム…1枝
└ エストラゴン…1枝
b
┌ ヒュメ・ド・ポワソン…2ℓ
└ フォン・ド・ヴォライュ…2ℓ
生クリーム38%…200ml
　（液量500mlに対して）
コニャック…適量

1 玉ねぎ、人参、セロリはスライスしてオリーブオイルをひいた鍋でシュエする。
2 別のフライパンで同時にエビの頭と殻をオリーブオイルで炒める。
3 1と2をあわせて、aとbの材料を加えて一度沸かす。
4 沸いてアクが出てきたら、はじめのひとアクだけ取り除く。中強火で3～40分煮込む。
5 パッセする。鍋に再度入れてつめる。液体分量500mlに対して生クリーム200mlとコニャックを加えて混ぜる。
6 バーミックスで泡立てる。

作り方

1 ノーザンルビーを丸くくり抜く。スチーム80%、100℃のスチコンで加熱する(写真A)。

2 花ズッキーニは茎の端をスライスして火を通りやすくする。

3 花のところにホタテのムースを詰めてラップをする。スチーム80%、100℃のスチコンで4～5分加熱する(写真B)。

4 皿にホタテのポワレを盛り付けて、ノーザンルビーを盛り付ける。3の花ズッキーニを盛り付ける(写真C)。

5 シマエビのビスクを注ぎ入れてエビのコンソメゼリーをかける(写真D)。

京美白とロースト野菜

料理は111ページ ▶

材料

京美白（鶏肉）…1羽（約4kg）
とうもろこし…適量
ホワイトコーン…適量
ホワイトアスパラガス…適量
白人参…適量
カリフローレ…適量
タイム…1枝
ローズマリー…1枝
にんにく…1ケ
実山椒のソース…適量
白い野菜のピューレ…適量※
ホワイトセロリの葉…適量

――――――――――――

※白い野菜のピューレ
ホワイトコーン…適量
ホワイトアスパラガス…適量
白人参…適量
カリフローレ…適量
水…適量
牛乳…適量（水1対牛乳2の割合）
フレッシュローリエ…1枚
塩…適量
SOSAジェルクレームフロア…適量

1 野菜はカットして鍋に入れる。水と牛乳ひた
  ひた、フレッシュローリエを加えて中心にサッ
  と火が入るまで煮る。
2 ミキサーに野菜を先に入れて、煮汁を少し
  づつ入れて濃度を調整しながらまわす。
3 塩で味を整えてSOSAジェルクレームフロア
  を加える。

作り方

1 鶏肉はさばいて、モモ肉を皮目から焼く。ムネ
  肉、ササミの順に焼き、タイムとローズマリー
  をのせて焼く（写真A）。

2 モモ肉とムネ肉は、オーブンモード140℃のス
  チコンに「3分入れて10分休ませる」を約1時間
  半繰り返す（写真B）。

3 ササミはハーブを燻しながらバーナーで炙る
  （写真C）。

4 野菜はスチームモード80%、100℃のスチコン
  で加熱したあと、フライパンににんにくとオリー
  ブオイルでローストする（写真D）。

5 皿に白い野菜のピューレをひく。ホワイトアスパ
  ラガスを盛り付け、実山椒のソースをかける。

6 ホワイトアスパラガスの中央にムネ肉をのせ、そ
  の両側にモモ肉とササミを盛り付ける（写真E）。

7 残りの野菜、ホワイトセロリの葉を添える。

Élan MIYAMOTO

エラン ミヤモト

住所／東京都渋谷区恵比寿3-28-7 ミューリエ恵比寿1F
電話／03-6450-4436
営業時間／ランチ 12:00〜15:30（L.O.13:00）
　　　　　ディナー 18:00〜23:00（L.O.21:00）
　　　　　ワインバー 18:00〜23:00（L.O.21:30）
定休日／月曜日、不定休
http://ideya-miyamoto.jp/

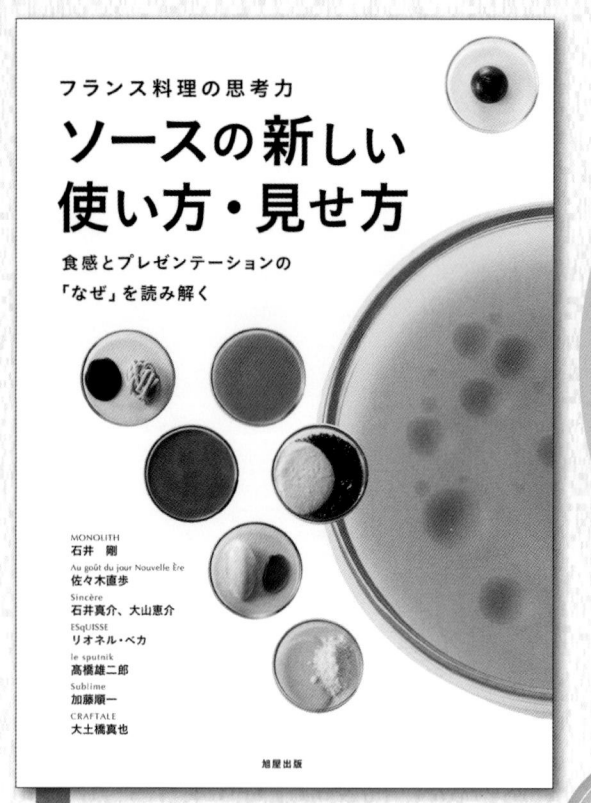

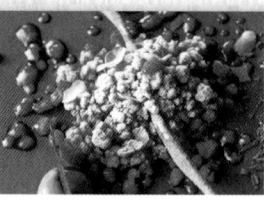

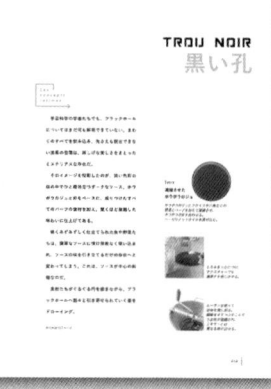

スチコンで作る
スペシャリテ

| オーナーシェフ | 清水 崇充 | レストラン セビアン |

スチコンでの
繊細な加熱で、魅惑的な
食感の構築を!

　スチコンは、1度C単位で加熱温度を調節できる。それによって、この食材が1度Cの違いでどう食感が変化するか。さらに湿度を調節したらどう食感が変わるか。ここに挑戦できるのを、清水シェフは魅力を感じている。122ページの「鹿ロースのローストと鹿モモ肉の煮込み」のように、スチコンで加熱したあと、仕上げに焼いたり煮たり、何かしらの火入れの手加減を加えることで、より繊細で、現代的な料理が表現できると考え、こうした料理に挑戦していきたいという。

　店は、父親が創業した洋食店が出発点なので、現在も洋食メニューがありフランス料理もあり、メニュー数は多い。席数も31席あり、父親と2人だけで調理するため、手際よく提供するために、仕込みの部分でスチコンは積極的に活用している。

Restaurant C'EST BIEN
レストラン セビアン

住所／東京都豊島区南長崎5-16-8 平和ビル 1F
電話／03-3950-3792
営業時間／ランチ 11:30〜15:00（L.O.14:00）
　　　　　ディナー 17:30〜23:00（L.O.21:30）
定休日／月曜日
http://www.restaurant-cestbien.com/

平目の昆布〆、水茄子、ジュンサイ、サワークリームとパセリのソース

5枚におろしたヒラメと昆布を重ねて丸めて38℃のスチコンで加熱する。ねっとりとしたヒラメらしい食感を残しつつ、歯応えもある仕上がりに。牛乳でのばしたサワークリームとパセリオイルを混ぜたソースで。仕上げに柚子の皮のパウダーをふって、爽やかな香りをまとわせて提供する。

材料

ヒラメ…4kg
白ワイン…適量
昆布…2枚
サワークリームソース※…適量
パセリオイル※…適量
水ナス…1個
ピクルス液※…適量
ジュンサイ…適量
ゆずの皮パウダー…適量
ゆずの花…5輪
マイクロパセリ…適量

※サワークリームソース
材料
サワークリーム…100ml
ハマグリのだし※…70ml
牛乳…60ml

1 サワークリームにハマグリのだしと牛乳を
加えて混ぜ合わせ、濃度を調える。

※ハマグリのだし
材料
ハマグリ…2kg
ニンニク…3個
オリーブオイル…適量
白ワイン…少々

1 フライパンにニンニクみじん切りとオリー
ブオイルを入れて熱し、香りを出す。
2 ハマグリを入れて、白ワインをふりかけて
だしをとる。

※ピクルス液
材料
水…100ml
白ワインビネガー…80ml
グラニュー糖…40g
黒胡椒…5粒
ローリエ…1枚
唐辛子…1本
塩…3g

1 鍋に材料を入れて混ぜて沸かす。冷まし
て使う。

※パセリオイル
材料
パセリ…適量
油…適量
（油はサラダ油か太白ごま油）

1 パセリは葉をちぎる。ミキサーに油とパセ
リを2対1の割合で合わせて回す。15分
回し続ける。
2 ミキサーにかけたらシノワに紙をひいて漉
す。
3 ひと晩、冷蔵庫で冷やして休ませる。

作り方

1 水ナスを10mm厚みにスライスして、タッパー
にピクルス液と共に入れてマリネする。

2 ヒラメは5枚におろす。さらに半分に切り、
白ワインを両面にふる。

3 バッドに昆布をひき、ヒラメ、昆布の順番
で重ねて冷蔵庫で2日間おく。

4 冷蔵庫から出したヒラメから昆布をはずし
ラップで丸く形成する。ラップの端はリボン
状になるように留める(写真A)。

5 丸く形成したラップに針で穴を数ヶ所開け
て、形を整えるためにアルミホイルで包む。
さらに袋に入れて真空包装する(写真B)。

6 スチームモード、38℃のスチコンで30分加
熱する。

7 スチコンから取り出して、ブラストチラーで
急速冷却する。

8 ヒラメの昆布〆はスライスする。ピクルス液
につけた水ナスをタッパーから取り出して、
丸型セルクルで丸く抜く。

9 皿にサワークリームソースをひく。ヒラメ3切
れと、水ナス3切れを盛り付ける。ジュンサ
イを盛り付ける。

10 ゆずの皮パウダーをふりかける。ゆずの花
を添える。

11 マイクロパセリを盛り付ける。パセリオイル
をかける。

平目の昆布〆、水茄子、ジュンサイ、サワークリームとパセリのソース

昆布〆したヒラメから昆布をはずしラップで丸く形成する。ラップの端はリボン状になるように留める。

丸く形成したラップに針で穴を数ヶ所開けて、アルミホイルで包む。さらに袋に入れて真空包装してスチコンで加熱する。アルミホイルで包むのは、形を整えるため。

鹿ロースのローストと鹿モモ肉の煮込み

鹿の部位の違いだけでなく、それぞれの加熱法の違いで、味わいに奥行きと広がりを出して一皿に
盛り合わせた。鹿ロースはマリネして60℃のスチコンで加熱してから、フライパンで表面を香ばし
く焼く。鹿モモ肉は、マリネして真空包装し、75℃のスチコンで12時間加熱。長時間加熱しても、
真空包装して一定の温度で加熱するので肉質が崩れない仕上がりになる。

材料

鹿モモ肉…2kg
煮込み用漬け汁※…適量
鹿ロース…800g
塩…適量
胡椒…適量
オリーブオイル…適量
ソース1※…適量
ソース2※…適量
グリーンピースピューレ※…適量
〈ガルニチュール〉
ペコロスのソテー
グリーンピースのバターソテー
ナスタチウムの葉…適量
ピーテンドリル…適量
マイクロタイム…適量

※煮込み用漬け汁
材料
赤ワイン…500ml
フォンドボー…200ml
人参…2本
玉ねぎ…3個
セロリ…1本

※ソース1
材料
煮込み用漬け汁…20g
バター…10g

1 煮込み用漬け汁（野菜も一緒に）とバターを、バーミックスにかける。
2 小鍋に1を入れて、温める。

※ソース2
材料
フォンドボー…適量
バター…適量

1 小鍋にフォンドボーとバターを2対1の割合で入れて混ぜ合わせ、温める。

※グリーンピースピューレ
材料
バター…適量
グリーンピース…1kg
玉ねぎ（スライス）…1個分
水…2ℓ
塩…適量

1 フライパンにバターを入れて、スライスした玉ねぎを炒める。続いてグリーンピースを炒める。
2 水を入れて柔らかくなるまで煮る。
3 ミキサーにかけてから、シノワで漉す。塩で味を調える。

作り方

1 鹿モモ肉の煮込みを作る。鹿モモ肉を、煮込み用漬け汁合わせて真空包装し、スチームモード、75℃のスチコンで12時間加熱する（写真A）。

2 スチコンから取り出して、ウォーターバスで温める。

3 鹿ロースのローストを作る。鹿ロースは、塩・胡椒をふりひと晩冷蔵庫におく。

4 1人前100〜150gに3をカットし、真空包装する。

5 スチームモード、60℃で芯温55℃に設定したスチコンで約30分ほど加熱する。

6 スチコンから出したら、油をひいてフライパンを熱し、脂の面のまわりを焼き固める（写真B）。

7 ソース2を入れたフライパンに入れて一緒に温める。

〈ガルニチュール〉

1 ペコロスは真空包装して、スチームモード、100℃のスチコンで10分加熱する。スチコンから出して、半分にカットする。フライパンにオリーブオイルをひきペコロスを焼く。最後に塩で味を調える。

2 小鍋にバターとグリーンピースを入れてソテーする。最後に塩で味を調える。

〈盛り付け〉

1 皿に鹿肉のローストと煮込みを盛り付ける。

2 ペコロスを盛り付ける。

3 グリーンピースピューレを皿の中央に盛り付ける。

4 グリーンピースを鹿の煮込みの上に盛り付ける。ソース1を鹿の煮込みにかける。

5 ソース2を手前の鹿のローストにかける。

6 鹿の煮込みにナスタチウムの葉を添える。

7 ピーテンドリル、マイクロタイムを鹿のローストに添える。

鹿ロースのローストと鹿モモ肉の煮込み

鹿モモ肉は、赤ワイン、フォンドボー、人参、玉ねぎ、セロリで作る煮込み用汁とともに真空包装してスチコンでじっくりと加熱する。

鹿ロースは、真空包装してチコンで加熱する。スチコンから出したら、油をひいてフライパンを熱し、脂の面のまわりを焼き固めてから、ソースを入れたフライパンに入れて一緒に温める。

レストランの
ニューコンセプト

2016年12月に東京・西麻布に開業したフレンチレストラン『Crony』。

瞬く間に、料理界のみならず食通の間にも評判が広がった。

その魅力と新しいコンセプトとは？

レストランのコンセプト＝料理の特徴であることが多かったが、

『Crony』のコンセプトは料理だけではなく、

そこに、空間、接客サービスの特徴も加えて個性を出している。

4人の創業メンバーが、それぞれの立場で、どのように取り組んでいるか。

そして、その結晶として目指しているものはどんなお店なのか。

「フランス料理店にはテーブルクロスがひいてあるイメージがあると思いますが、気軽に楽しんでもらいたいという気持ちがあるので、あえてテーブルクロスはなし、と決めていました」(春田) その分テーブルの天板にはこだわってたくさんの種類の木材、色の中から選び、店内の雰囲気に合うように少し明るめのウォールナットにした。

フレンチ×ニューノルディックキュイジーヌ、
ハイクオリティをリラックスした空間で

　店名である「Crony」の意味は「永続的な茶飲み友達」。

　ずっと一緒にいても心地よく、素直な自分でいられ、気兼ねない会話ができる仲間…お客様にとってそんな存在でいられるレストランにしたい、という創業メンバー4人の想いが店名に込められている。

　お店のコンセプトも、創業メンバー4人で話し合いをして決めた。

　一番のテーマは「ハイクオリティをリラックスした空間で」。

　『Crony』の開業に際して、まずは場所を決め、ほぼ同時進行で内装・デザインや器等を決めていったという。

　春田シェフが表現したい料理や、空間のイメージを他の3人に伝えて、皆で話し合いながら内装も決めていった。

　木のテーブルの方が皿が映える…とか。グラスひとつにしても皆で話し合って決めた。テーブルの上にグラスが置かれたとき、例えば、このアンバーみたいな色の方がいいのか？　透明なグラスの方がいいのか？　また、食器とのマッチングを考えながら選んでいった。

クラシックなフレンチをふまえた上で、
現代的なセンスをプラス

　ナフキンとおしぼりはブルーミング中西さんでオーダーして作ってもらったもの。皆で素材から選びセレクトしたものは、触ると少し麻のような本綿の生地。

『Crony』で提供される器はどれも個性的なものばかり。半分くらいはオリジナルで作ってもらったもので、大きさから、形から釉薬の色まで全て春田シェフのイメージを伝えて焼いてもらった。

通常の黒のショープレート以外にも、何パターンか用意されている。常にゲストに楽しんでもらいたい、というサービス精神が垣間見える。金色のショープレートには、「シェフのおまかせコースです、今日はシェフのお料理を楽しんでください」という意味合いの英文が入っている。ショープレートを作陶されている作家さんは、いまは日本ではほとんどお皿を提供しておらず、アメリカの西海岸を中心に三ツ星のレストランや最近はNYなどにも提供している日本人の方。作家さんが作陶されている小田原に出向き、ひとつ一つ想いを伝え形にしてもらったそう。

「昔ながらのフランス料理のレストランの本式は麻で、当時はコットンやポリエステルはありませんでした。ただ、麻は目が粗いので拭くと口が痛いうえに洗うと縮む。現代のものとしては少し良くないのかな…と。ですが、その雰囲気は出したいと考えてこの生地を選びました」（小澤）

『Crony』は、春田シェフの料理を含め、「クラシックなフレンチをふまえた上で、北欧のテイスト」をプラスする。内装も料理も、同様のテーマだ。

ナフキンは、その生地だけではなく、折端の幅までこだわった。

通常のナフキンの折端は、『Crony』のナフキンと比べると半分もない。折ったときに優雅に見えるサイズに作ってもらっている。なので、ナフキンの全体のサイズは通常のものより一回り大きい。

『Crony』にはテーブルクロスがないので、例えば、段差がある席に女性が座ったとき、ミニスカートだと気になるかもしれない。その際に、このナフキンの大きさだとひざ掛けにもなるという。

おしぼりも同様に考えられている。

「日本のおしぼりの文化はすごく良いと思うのですが…居酒屋みたいに顔を拭くのは良くないなと思っていて。（笑）

ヨーロッパだと通常は、はじめに手を洗って、それから着席する。来店されたお客様にも、もちろんはじめにお手洗いのご案内はしますが、それに慣れていない方も多いので、『いま大丈夫です』と行かない方も多い。

こちらは『手を洗いますか？』という意味を含めて、はじめにご案内しているのですが。それもあり、おしぼりは出しましょう…と決めていました」（小澤）

そこで、触り心地が良く保水性が高く、ずっと置いておいても、水分が抜けたりしてカサカサになら

壁紙は、ロンドンの「FARROW & BALL」のもの。英国王室の建物に全て使われているというペイントと壁紙を専門にしている会社のもの。塗った30分後に乳幼児が居ても大丈夫なくらい、シンナー系の香りが出ないというペンキ。内装は全てそのペンキで塗り、壁紙もイギリスの古典的なデザインなどを選んだ。そこに北欧的なモダン家具を配置してバランスをとっている。

店内への入り口の、玄関ドアはヨーロッパから取り寄せた特注だ。「我が家に皆様を迎えるようなイメージにしたかった」ので、ヨーロッパの住宅のドアを取り寄せ、アンティークのドアノブを付けた。飲食店にしては少し小さめのサイズのドアではあるが、わざと間口のサイズも、普通の家のドアのサイズと一緒にしたという。『Crony』のロゴ看板の真鍮と合わせて、ドアノブも真鍮にした。

ドアを開けて店内に入ると、正面には福の型の落雁を作る菓子型がかけてある。これは、『Crony』のロゴのデザインを手掛けた八木保さんからいただいたもの。外の枠を白木のシンプルなものにしているので、北欧モダンのインテリアにも合うように考えられて配置されている。ゴールデンベルの照明も北欧では有名なデザイン。

インテリアの大筋のテーマは、ヨーロッパのクラシックに北欧モダンのテイストをプラス。ダイニングと、カウンターの椅子も北欧のデザインで揃えた。椅子は、不朽の名作である「Hans・J・WegnerのY-チェアー」。バックのデザインが非常に美しいので、これをカウンターで使いたい！と皆に小澤ソムリエが力説したそう。座面のペーパーコードは、黒がいいと話して作ってもらったもの。デザイン的にも美しいだけでなく、長く座っても疲れないので選んだ。ダイニングのチェアーも、北欧デザインのものを使用している。

ないガーゼ生地を選んだ。サイズも、広げても小さめで、顔は拭けない大きさだけど手は拭ける…というおしぼりを作った。

店で使うもの一つ一つに共通の、想いがあることが重要

　お店で使うものは、グラスから食器からナフキンまで一つ一つ、オープニングメンバー4人で、どれにしたい？どれにする？と話し合いながら多数決で決めた。みんなが好むものが結構近かったので、意見が割れたりはなかったそうだ。

　例えば、水を入れるグラスひとつにしても、8個くらい色々なものを並べて…この中でどれにするか多数決で決めましょう、デッドラインはいつね、と決めて。皆の共用のメールに何番に投票する…みたいに多数決で決めていくそうだ。

「皆でまずそのものの知識を深め、その中で自分で選んで決めたという自覚もあるので、そのモノについても詳しく知っている。お客様から何か聞かれた時にもちゃんと自分の言葉で説明することができる。ここが重要なんです」（小澤）

　料理を盛り付ける器のセレクトにも『Crony』らしさが光る。

「料理人である以上、盛り付ける器にもこだわりたい。料理の素材となる生産者を訪れたり、○○産の食材とかももちろん大切です。料理とは、食材だけでなくお客様に提供するまでのすべてのもの。食材も器も、調理法や調理器具なにもかも…全部にこだわりたいし大切だなと思っています」（春田）

アートな客席空間、そして、
おいしさのための客席空間

　個室には、ジャクソン・ポロックの1998年の作品が飾られている。また、メインフロアにかけてある絵は、お客様からいただいた、マイケル・ビー・ホワイトというイギリスのモダンアート作家のもの。

　内装のこだわりは、他にもある。

　"おいしい"は味覚だけではなく、五感全てで感じるもの。『Crony』では、それを体感できるように照明までもこだわる。

　照明は、以前からお付き合いのあるモデュレックス社のもの。自社のダウンライトや特殊レンズを使ったライティングソリューションによって、居心地の良い雰囲気を作ってくれる。

　「照明はとても重要だなと思っていて。こちらのプランナーの方と共に、料理が映えるだけでなく、心和らぐ居心地の良い空間になる様、照明をデザインしていただきました」（小澤）

シェフの料理の世界観を共有できるよう、
開店前に創業メンバー全員で
サンフランシスコへ

　『Crony』は18時〜おまかせのコース料理の時間。21時半〜はワインバーとしてアラカルトメニューも提供している。ソムリエが3人在籍する『Crony』はワインの品揃えとセレクトにも定評がある。

　「シェフの料理が、素材感のあるナチュラルな味わいのある料理なので、それに沿うようなものを選んでいます。あまり人工的に作ったようなワインは好きではないので、ナチュラルな味わいのあるワインを揃えているつもりです。ナチュラルというのはビオワインという意味ではなくて、例えば、とってつけたようなやたら樽の香りがするとか、砂糖を足したような味わいのものではないものという意味です」（小澤）

　サービスの3人は、皆、支配人の経験もあり、基本、全員が何でもできる。例えば、予約の管理は小野寺ソムリエと石川ソムリエ。数字の管理は小澤ソ

個室に飾った、ジャクソン・ポロックの1998年の作品。

ムリエと決めているそうだが、細かくは決めてはいないそう。料理に関しては、春田シェフにまかせているという。

「ワインのペアリングは、シェフが作った料理を皆で試食し、それに合わせて何品かを試飲し、皆で意見交換しながら決めています」（小澤）

『Crony』の料理は、事前予約限定のおまかせコースのみ。数種のスナックからはじまり、前菜、スープ、魚料理、メインの肉料理、デザート、ミニャルディーズまで全12品前後。

春田シェフの作る料理は、フレンチというカテゴリーで分別できないような斬新で心を惹く皿ばかりだ。それは修業していた北欧の影響が大きいという。

「僕の目指す料理は、フランス料理をベースに北欧、北米などの経験を取り入れたオリジナリティのある料理です。

いま、何を食べているかが、はっきりと分かる料理にしたいと思っています。そのために一皿に使う素材を極力減らし、よりフォーカスしたものに仕上げています」（春田）

春田シェフが北欧に行こうと思ったキッカケは『noma』が世界のベストレストランで1位をとる前。北欧が話題になる前に目をつけていたという。

「徐々に北欧のレストランが順位を上げてきているのを見て、今後トップになるであろう北欧の勢いのあるレストランに身を置いてみたかったからです」（春田）

おまかせコースのはじめに提供されるのは「石」。ジャガイモの竹炭クロケットを小石に見立てたもの。表面は、石に似せるためにモルトや色々なものを使って作る。

「面白さもありつつ、奇をてらいながらも食べておいしい料理を作りたいと思っています。石に似せるだけなら、見た目や固さも他に作ることはできますが、一番に、味わいを重視して作っています」（春田）

皿の中に石が敷きつめられている。その中にひとつだけ、食べられる石の形をした正解が隠されて混

フランスワインを中心に、カリフォルニアなどのワインも揃えている。

石 カリッとした竹炭でできた衣に、グアンチャーレが入ったホクホクのコロッケ。

車海老、小玉葱、キャビア、よもぎオイル

酢漬けにした小玉ねぎの中に、車海老をタルタル状にしたものを。酸味とシャリっとした食感をアクセントにした。多治見で作陶する3rd ceramicsの器に盛り付けた。

根三つ葉、ディル、しじみ、クリーム

ディルオイルの鮮やかなグリーンと共に香りが広がる。

ホワイトアスパラガス、オランデーズ
ホワイトアスパラに乳酸発酵させたクリームと、
塩漬けした卵黄を一度乾燥させたあとに削った
ものを盛り付けた。

アールグレイ、マンゴー
アールグレイの泡を作り香りを閉じ込める
ために、液体窒素で固めた。ミルクのジャ
ムとマンゴーのピュレをアクセントに。

ざっているので見つけてね、と遊び心たっぷりの演
出だ。

「根三つ葉、ディル、しじみ、クリーム」は、貝のだ
しをベースに生クリームを少し加えたスープ。

写真では見えないが、下の方に火を入れた根三つ
葉の茎としじみが隠れている。上には根三つ葉を焼
いたもの。根三つ葉は茹でたり生のままで食べること
が多いが、あえて高温で香ばしく焼くことにより食感
と香りの違いをたのしめる。緑色はディルのオイル。

「車海老、小玉葱、キャビア、よもぎオイル」は車
海老を、片面だけ焼いて香ばしさを出したものを刻
んで、そこに塩・胡椒、ヨモギのオイル、車海老の
頭でとっただしを合わせてタルタル状にしたもの
を、小玉ねぎの中に入れてある。

小玉ねぎは酢漬けにしているので酸味とシャリっ
とした食感がアクセントになっている。

パッと見、何がどうなっているか分からない料理
になっているので、サービスマンの力量が発揮でき
る料理でもある。どこから説明するか、説明ひとつ
変えるだけでゲストのとらえ方が変わってくる。
「個性があり経験値の高いメンバーばかりなので、
説明も各々の個性で提供してもらえたらと思ってい
ます」（春田）

「ホワイトアスパラガス、オランデーズ」は説明さ
れないと、これはなんだろう？とワクワクする。

さっと火を入れたホワイトアスパラガスに、乳酸
発酵させた酸味の強いクリームと、塩漬けにした卵
黄を乾燥させて削ったものを盛り付けた。

では、このお料理をお客様に提供する際に、どう
説明するか。

それは、お客様によって変えるという。はじめの

パン

パンは鍋に多めにオイルを入れて揚げ焼きのように焼くことで表面がガリっと仕上がる。まわりはガリっと中は少しもっちりとした食感の対比を楽しんでもらうために、わざと手でちぎってクリスピーな部分も多くして提供する。

あいさつ、食前酒を聞いたときから感じる「楽しもう！」という気持ちの強いお客様、また、同業者だったり、女性同士なのか、ビジネスなのか…夫婦なのか、年齢は…それらによっても変えるという。

「先入観なく食べてもらいたい時は、説明の前にまず一口召し上がっていただいたり、今回のアスパラ料理などは目に見えていない部分を説明して驚いていただいたり。シェフのその料理のコンセプトがぶれないよう伝える中で、いろいろな切り口で話を楽しんでいただいています。

なので、その時々によって説明は変えていますので…この料理はこう説明する、と一概に説明するのは難しいですね」（小澤）

「この料理を作ろうと思ったキッカケは、この器の色から考えました。黄色とかオレンジとか一色で埋めてやろう…と。最初に色で考えたり、ビジュアルで考えたり。そこから旬の食材は何がいいかとか、この組み合わせは面白いかな、って料理を考えたりすることも多いです」（春田）

サンフランシスコの、Heath Ceramics（ヒースセラミックス）の器に盛り付けている。日本でこの器を取扱っているところはほぼないそう。そのために、皆でサンフランシスコの販売している工場まで直接行って、買い付けさせてもらった愛着のある器。

「Cronyをオープンするにあたり、春田の世界観を皆で共有できるよう、サンフランシスコのレストラン『saison』を中心に西海岸のレストランやワイナリー、食器等を見て回りました。その際、ロゴデザインを担当してくださった八木保さんが住んでいるのがロスなので、皆で行ってコンセプトミーティングを行い、できたのが今のロゴです」（小澤）

ヒースセラミックスの器は、一番はじめに使うことが決まった思い入れのあるものだ。全体的にこれをベースに、そこにカトラリー、グラス、一点ものの器などを合わせ、世界観を造ろうと考えていったという。

特にカトラリーは国内で気に入ったものがなく、ロンドンのDAVID MELLORから直接買い付けた。

おまかせコースでは、こだわりのパンも１皿として提供する

『Crony』では、パンを料理の一皿として提供するのも珍しい特徴のひとつ。

「研修していた『saison』で、日本に帰ったらお店をはじめるんだと、話していました。辞める最終日に料理長にあいさつに行ったら、『日本に帰ったらこれを使いな』と酵母だけお土産でいただいた。それを使い続けています」（春田）

『saison』ではパンは提供はしておらず、スペシャリテの前菜の、燻製させたキャビアに合わせて…パンではなくもっとふんわりとしたものに酵母は使っているそう。その酵母を春田シェフが生地から焼き方まで新しく変えてオリジナルのレシピでパンを作り上げた。

北欧でもよく提供されるサワードゥブレッドをベースにしたもので、パンの生地にはヨーグルトも加えた。提供時には、ホエーで作ったホイップバターを添え、共通のヨーグルトの風味が特徴。

「フレンチを食べに行ったら料理のおまけのように添えられていて、口休めやソースを拭うためだけのパンは悲しい。自分で一から作ったパンであれば、ちゃんと料理のひとつだと皆がそう思うはず」（春田）

見ただけでは分からない料理、食べないとわからない料理を

「アールグレイ、マンゴー」は、ロイヤルミルクティーをイメージして作ったもの。

アールグレイの泡を作り、香りを閉じ込めるために液体窒素で固め、ミルクのジャムとマンゴーピュレを添えた。

旬の果物で（撮影時5月）ロイヤルミルクティーに一番相性が良かった宮崎の完熟マンゴーをアクセントに。

「見た目も面白いし香りも楽しめて食感も良い。食べるとアールグレイの味ですが、隣のミルクのジャムと一緒に食べるとロイヤルミルクティーになりま

す。それだけで全部の量を食べると飽きてしまうので、何か違うアクセントが欲しいなと思い、アールグレイの中にあるスパイス、オレンジ等の香りがちょうど旬のマンゴーに合うと思い、この組み合わせにしました」（春田）

雑誌やネットの写真を見たら、食べたつもりになれる料理や、どんなものか分かる料理が多いので、逆に、写真を見ただけでは、何だこれは？ どうなっている？ お店に食べに行きたいな、と思ってもらえるようなものを出したいと春田シェフは言う。

そして、おまかせコースの最後に提供されるミニャルディーズは最初に提供するクロケットと同じ、石ころに見立てたアーモンドクッキー。

Profile

春田理宏
Michihiro Haruta

1987年大分県出身。20歳で渡仏。パリの三ツ星「Ledoyen」東京の三ツ星「カンテサンス」を経て、デンマークの一ツ星「KADEAU」、北欧初の三ツ星に輝いたノルウェー「Maaemo」で研鑽を積む。東京「Tirpse」の料理長に抜擢され一ツ星獲得に貢献。『Crony』開店前にサンフランシスコの三ツ星「saison」にて研修。

小澤一貴
Kazutaka Ozawa

1974年神奈川県出身。東京「APISIUS」「Four Seasons Hotel丸の内」を経て「Café Espresso」でコンサルティングディレクター、「Cross Road」「KENZO ESTATE」ではインポーター、ワイン造りに従事。東京の三ツ星「カンテサンス」では支配人を務める。

小野寺 透
Toru Onodera

1975年岩手県出身。東京「APISIUS」「Four Seasons Hotel 丸の内」を経てオーストラリア「Anderson Winery」へ。東京CONRAD TOKYO「Collage」で支配人を務める。

石川雄大
Yudai Ishikawa

1982年愛知県出身。東京「レストランOZAWA」を経てSydneyに渡る。東京「Ritz Carlton Tokyo 45」「La Chouette」でソムリエとして研鑽を積む。「Grahms Cafe」で支配人を務める。

　食材の旬に合わせて、約2か月に1度コース料理の内容を変えているが、共通で提供しているミニャルディーズ。口に入れた瞬間に、ふわりと溶けるように柔らかく…すっと溶けていくアーモンドのミニャルディーズで、コースが閉められる。

　一番はじめに石が出てきて、最後にまた石で終わる……店がオープンする前に、どんな料理にする？どんな構成にする？と話し合いをした時から、春田シェフが「最初と最後は同じで」と、決めていたそうだ。

「楽しいな、と思ってもらえたり、話のネタになればいいな…という気持ちです。お客様が各々の想いで、感じとって、楽しんでいただけたらと思っています」（春田）

カウンター席からはオープンキッチンが臨める。
キッチンスタッフの田島光将さんと高野敦史さん。

創業メンバー4人でどんなことも話し合い共有する。ミーティングは毎日、営業前にスタッフ全員で行う。

Crony

クローニー

住所／東京都港区西麻布2丁目25-24
NISHIAZABU FTビル MB1F（半地下1階）
電話／03-6712-5085
営業時間／18:00〜26:00
ディナーコース 18:00〜20:00（L.O.）
ディナー・アラカルト 21:00〜
定休日／日曜日、不定休
http://www.fft-crony.jp/

日本の食材を生かす エディブルフラワー

LA BONNE TABLE
ラ・ボンヌ・ターブル

シェフ
中村 和成

花ならではの食感や酸味を生かし、花でしか表現できない料理に！

よく使うのは東京都の生産者・横山園芸さんのエディブルフラワー。「横山さんのお花は新しい味覚を愉しめるため、以前よりデザートや料理に使っており、欠かせないものです。フルーツにはない味わいや酸味があり、花にしかできない料理というものが実際にある」と中村シェフ。

たとえば、ベゴニアの酸味と食感。花はまるでプラムのような酸味があり、葉はサクッ、シャリっとした食感。似たフルーツはなく、ベゴニアでしか味わえないという。「ベゴニアが大好きなシェフ世界選手権があればぶっちぎりで優勝する自信があります！」と話す中村シェフは、自らベゴニアをお店で育てているほど。

ハーブとも違う、エディブルフラワーの独特な味わいと香りがあり、視覚的にもおいしさを生み出すことができるのも魅力だ。

LA BONNE TABLE　ラ・ボンヌ・ターブル

住所／中央区日本橋室町 2-3-1 コレド室町2 1F
電話／03-3277-6055
営業時間／ランチ 11:30～15:00（L.O.13:30）
　　　　　ディナー 18:00～23:00（L.O.21:30）
定休日／隔週水曜日
http://labonnetable.jp/

鳩、内臓、酒、花

鳩を丸ごと味わってもらうために鳩の頭も皿に盛り付ける。女性のゲストの場合、鳩を丸ごと提供すると食べたがらない方もいるそうだが、メネシアを散らすことで「視覚からくるおいしさ」に変えることができる。 鳩の味わいにとことん向き合ってもらいたいので、付け合わせは野菜ではなく花に。メネシアは、やさしい柔らかな色合いと香り、味わいが淡白なのが特徴。鳩に合わせるソースは、鳩のガラとフォン、赤ワインなどをベースにビターチョコで味を引き締めたソース。甘酒と花巴(日本酒)でつくったソースと2種類で愉しむ。この日本酒の含み香が花ともよく合う。

頭付きの鳩を、花の味と香りで色気のある一皿に

鳩のモモ肉、ムネ肉は、鉄板で皮目を焼いて、オーブンモード、58℃のスチコンで40分加熱する。

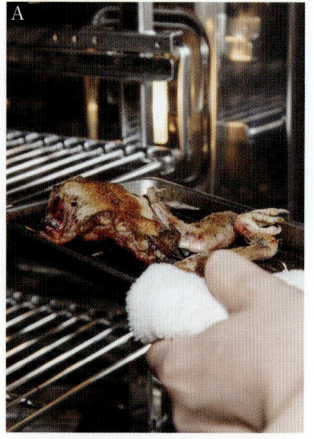

鳩のモモ肉にアムチュールパウダーをふりかける。手羽にはシナモンパウダーをふりかける。

スチコンから出した鳩の骨をはずし、食べやすいように隠し包丁を入れる。鉄板に油をひいて、もう一度、皮目を焼く。

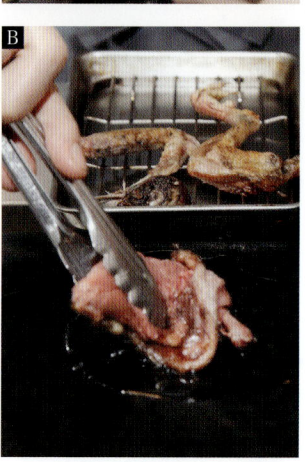

頭、ササミ以外のモモ肉、ムネ肉、手羽の部分を再度、皮目をカリっとするまで焼いてカリッとさせて皮目に塩をふる。

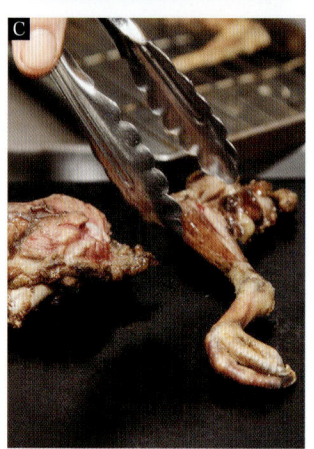

さらに鳩の肉を盛り付ける。鳩のフォンのソースと、甘酒と日本酒のソースをかけ、メネシアを甘酒と日本酒のソースの上、鳩の頭の部分などに盛り付ける。

材料

鳩（フランス産）…1羽
メネシア（エディブルフラワー）
　…1パック
ソースa※…適量
ソースb※…適量
アムチュールパウダー…適量
シナモンパウダー…適量

※ソースa
材料
赤ワイン…適量
マデラ酒…少々
（※赤ワイン10対マデラ酒1の割合）
エシャロット…1個
バター…適量
フォンドボー…適量
鳩のガラでとっただし…適量
鳩のレバー、肺、血…1羽分
ビターチョコレート…少量
塩…適量

1 スライスしたエシャロットを、バターで炒めて、赤ワインとマデラ酒を入れて煮詰める。
2 煮詰めて10分の1の量になったら、鳩のだしとフォンドボーを加え、煮詰める。3分の1に詰まったら鳩のレバー、肺、血をくわえてミキサーで回す。
3 鍋に2とビターチョコレートを入れて火にかける。
4 ソースを濾して、最後に塩で味を整える。

※ソースb
材料
甘酒…適量
花巴（日本酒）…適量

1 甘酒と花巴を5対1の割合で混ぜ合わせる。

※甘酒に水分がある場合はシノワなどで軽く水分を切ったあとに、日本酒と混ぜる。

花巴

作り方

1 鳩はレバー、肺、血を取り（ソースで活用する）、ササミ、モモ肉、ムネ肉に分ける。

2 鉄板で皮目を焼いて、オーブンモード、58℃のスチコンで40分火入れをする（写真A）。

3 スチコンから出した鳩の骨をはずし、食べやすいように隠し包丁を入れる。

4 鉄板に油をひいて、もう一度、皮目を焼く（写真B）。

5 頭、ササミ以外は、オーブンモード、220℃のスチコンで1分半加熱して肉を締める。

6 仕上げに鉄板で、5のモモ肉、ムネ肉、手羽の部分を再度、皮目をカリっとするまで焼いてカリッとさせて皮目に塩をふる（写真C）。

7 鳩のモモ肉にアムチュールパウダーをふりかける。手羽にはシナモンパウダーをふりかける（写真D）。

8 皿に、ソースaを丸く盛り付ける。鳩の肉を盛り付ける。

9 ソースbをかける。メネシアをソースbの上、鳩の頭の部分などに盛り付ける（写真E）。

花、蜜、発酵乳、甘夏

ムーランフリルパンジー、イベリス、マリーゴールド、バーベナの花々の香りが主役のデザート。ムーランフリルパンジーは花びらがフリルになっており市場では珍しい品種。砂糖菓子のようなかわいい白い花のイベリス、摘みたての野草の香りのようなマリーゴールド、さわやかでやわらかな香りとほのかな甘さのバーベナ…天国のお花畑のようなイメージで。焼いたブリオッシュに「美禄の森」を染み込ませて、甘夏のソルベ、クレームダンジュを共し、ふわりと花々を覆い被せるように。食感を愉しむために一口大に切った干し柿入りの甘夏ソルベは、香りが清々しく甘みの中に酸味があり爽やかな甘酸っぱさ。ベースの味わいがシンプルなので、花々の香りと味わいをより生かせるように仕立てた。

いろいろな食感と香りの、花があるから価値が高まる一皿

皿にブリオッシュを盛り付け、「美禄の森」をたっぷりかけて染み込ませる。「美禄の森」は、人類最古の伝統のお酒で、トチの花のハチミツを使用した酒。味わいはさわやかな甘みと酸味、後味はすっきり。ハチミツ酒は花と相性が良く、「美禄の森」が一番、花に近い酒なので選んだ。

ブリオッシュの上にシャーベットを乗せる。シャーベットの上部を凹ませ、ひと口大にカットした甘夏の果肉を乗せる。

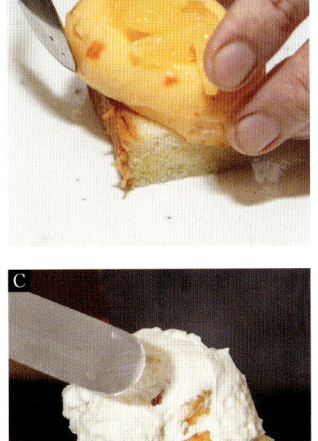

クレームダンジュを、覆い被せるようにふんわりと盛り、スパチュラでならして丸く形を整える。

マリーゴールド、ムーランフリルパンジー、イベリス、バーベナの花びらで覆い、満開の花畑のように盛り付ける。

花、蜜、発酵乳、甘夏

材料
ムーランフリルパンジー…適量
イベリス…適量
マリーゴールド…適量
バーベナ…適量
焼いたブリオッシュ…1個
美禄の森(はちみつ酒)
　　…スプーン3杯
シャーベット※…適量
クレームダンジュ※…適量
甘夏(果肉)…1/8個分

※シャーベット
材料
干し柿…適量
甘夏(ジュース)…2個分
砂糖…適量

1 甘夏の2個を絞りジュースにする。
2 小さめのひと口大に切った干し柿を甘夏
　のジュースにつけて戻す。
3 アイスクリーマーに、2を入れてシャーベッ
　トを作る。

※クレームダンジュ
材料
フロマージュブラン…100g
クリームチーズ…100g
イタリアンメレンゲ
(卵白…40g グラニュー糖80g)
生クリーム(38%)…160g

1 フロマージュブラン、クレームチーズを混
　ぜ合わせる。
2 生クリームを七分立てにし、1と混ぜ合わ
　せる。
3 イタリアンメレンゲを作る。鍋に水とグラ
　ニュー糖を入れる。
4 常温で用意した卵白をボウルに入れて泡
　立てる。泡立ちの程度を見ながら、3を
　火にかけはじめる。シロップは117℃まで
　熱する。卵白は、ふんわりとするまで泡立
　てる。
5 タイミングをあわせて117℃に熱したシ
　ロップを、ボウル(卵白)に加える。ハンド
　ミキサーを回しながら、糸を垂らすように
　加える。
6 シロップが全部、ボウルに入ったらミキ
　サーを高速にして一気に泡立てる。艶と
　ボリュームが出てきたら低速に切り替え
　て、温度がしっかり下がるまで回す。
7 6のイタリアンメレンゲと2を混ぜ合わせ
　る。
8 ガーゼをしいた網に入れ、冷蔵庫でひと
　晩水気をきる。

作り方

1 皿にブリオッシュを盛り付け、美禄の森をたっ
　ぷりかけて染み込ませる(写真A)。

2 ブリオッシュの上にシャーベットを乗せる。
　シャーベットの上部を凹ませ、ひと口大にカット
　した甘夏の果肉を乗せる。クレームダンジュを、
　覆い被せるようにふんわりと盛り、スパテラなら
　して丸く形を整える(写真B)。

3 マリーゴールド、ムーランフリルパンジー、イ
　ベリス、バーベナの花びらで覆い、満開の花
　畑のように盛り付ける(写真C)。

美禄の森

❶ ❷ ❸ ❹ ❺

花の説明

❻

❶イベリス

わさび菜のような野菜的な味がする。ほかの食材の邪魔をしない。生食がおすすめ。そのままでも 1輪づつはずしてもどちらでも使える。

❷マリーゴールド

菊とパイナップルを混ぜたような独特な香りと味わいがある。ガクから離して花びらをばらして使うと独特の香りが和らぐ。熱に強い。

❸バーベナ

香りもくせもほとんど無いので、他の素材の邪魔をしない。小さな花のあつまりなので 1輪づつとりはずして生で使う。

❹メネシア

甘い香り、シトラスの香り、バニラの香りがする。メネシアの花の色と品種により異なる。味は淡白なので、ほかの食材の邪魔をしない。

❺ムーランフリルパンジー

ほのかな優しい香り。味わいはあっさりとしていて肉厚で食感もしっかりしている。花が大きいのでそのままでもボリューム感たっぷり。花びらは、ばらしてサラダなどの、野菜に混ぜ込んでも邪魔をしない。

❻ベゴニア

とても肉厚。シャキシャキとしていてプラムの皮のような酸味がある。花の赤い色は、色水としても使える。色は、熱に強い。

横山園芸

東京で15代続く生産農家（代表：横山直樹）。エディブルフラワーをお花野菜とも呼び、無農薬で栽培をしている。園芸専門家らしく、エディブルフラワーでは珍しい種類の花にも挑戦している。横山園芸のお花は色鮮やかで香りも強く、味もよく、日持ちが良いため多くのシェフから定評を得ている。専用のカップに入れられたお花はまるでブーケのように可愛らしく、そのまま冷蔵庫で保存ができる。

naokiyokoyama@mbf.nifty.com
FAX専用:042-493-2530
https://www.facebook.com/naoki.yokoyama.7

シェフの食材を巡る旅

オーナーシェフ
髙橋 雄二郎

Le sputnik
ル スプートニク

le sputnik ル スプートニク

住所／港区六本木 7-9-9 リッモーネ六本木 1F
電話／03-6434-7080
営業時間／ランチ 12:00〜15:30 (L.O.13:00)
　　　　　ディナー 18:00〜23:00(L.O.20:30)
定休日／月曜日
http://le-sputnik.jp/

高橋シェフの故郷である福岡。その福岡の長浜漁港を探索。長浜漁港は、貝、鯵や鯖など青魚が、海流の影響で菌が付きずらく鮮度が良い。植物プランクトンが豊富な対馬海流や、潮の干満の差が大きいこと等から、かきの生産に適しているそう。荒波に育まれた身はプリッと大きく味が濃いのが特徴。

佐渡の黒いちぢくの農園を訪れたとき。黒いちぢくは、蝦夷鹿のローストに、キャラメリゼして添えた。

144

「料理という創造的な"旅"を日々探究し続けています。お客様の"旅"の素敵な連れ合いとなれますように…」
髙橋雄二郎シェフはフランス料理の伝統を重んじながら、日本の素材を活かし「旅」をコンセプトに
四季折々の風情を皿に紡ぐ。店名の「le sputnik」は「同行者・旅の連れ」を意味する。
「食材探しの旅」に出かけるときの髙橋シェフの求めるものとは…？
高橋シェフが撮影した旅先の写真を紹介しながら、そこで見つけた食材を使ったレシピを教えていただいた。

北海道 釧路・白糠（しらぬか）に蝦夷鹿をもとめて牧場まで訪れた。ネックショットの達人の
ハンターさんに同行して狩猟を実際に髙橋シェフが体感してきた。自然の恵みに敬意と感謝を
忘れないこと、動物の命をいただく有難さ、命の大切さを一皿に強く表現したくなったという。

ときには、家族サービスを兼ねて家族でハーブ園などにも出向く。
ニイクラファームは、江戸時代から続く畑でハーブを中心に年間
150〜200種の野菜を栽培している。

生産者のかたと会話を交わすことで、
いっそう料理のイメージがわいてくる

今は、市場に行けば、全国の食材に出会える。市場では、季節とは関係なく様々な食材が手に入る。もちろん本来は、その野菜が、その場所で収穫できる旬はわずかな期間だけだ。しかし、「普通に年中購入できる」ので、ついつい、本来の旬のことは忘れがちになる。

そうした"錯覚"を見直すには、実際に生産者さんのもとや畑に訪れるのがいい。生産の現場に足を運んで、栽培されている実物を見ると、その野菜のいつが本当の旬なのかを見ることができる。

栽培されている姿を、目で見て触れて体感することで、料理をつくるイメージが湧きやすくなると高橋シェフは言う。

「志ある生産者さんと話すと、その想いをしっかり1皿に表現し、使い続けて食材の魅力を広めていきたいと思う気持ちがより強くなります。実際に体感することで料理に確実に生きるものがある。素材への有難さ、敬う気持ちを再確認するためにも旅をしています」と髙橋シェフ。

いままで使ってきた食材でも、その生産者の方と会話をすることで、新しい発見もあるし、見方、感じ方、思いの変化が自分の中に生まれる。それが調理を工夫する源動力にもなる。

野菜だけでなく食肉ついても同様。鴨や鳩、羊はフランス産の方が旨味は強いが、最近は国内飼育のものもおいしくなってきたので、国産のものも使うという。髙橋シェフのお気に入りは、京都の七谷鴨や茨城産の鳩など。七谷鴨は、飼料は有機栽培のもののみで完全無薬で、40日間飼育された小さめの鴨。

フランス産に比べて身質的に非常に滑らかだという。

ジビエは、12月半ばまではヨーロッパのものを使い、国産のは、おいしくなるのが年末からなので時期に合わせて使い分けている。

今後は、肉の産地や飼育しているところや、北陸の魚やワイナリー、野菜なども見に行きたいと意欲的に話す。

福岡県産真牡蠣のムニエル
ハーブの焦がしバター

福岡・長浜漁港に水揚げされた真牡蠣と、西東京市ニイクラファームのハーブを使ったひと皿。真牡蠣は表面がカリっとするまで焼いいてにんにくオイルとバターで香りをまとわせた。ふっくらとムニエルしてジューシーさを閉じ込めた。フレッシュハーブの薫香の焦がしバターのソースをあわせ風味豊かに。おかひじきは揚げると磯の香りと味わいになるので、海とリンクさせた。共に添えたフヌイユの花はアニスの香り。ハーブの甘い中に清涼な香りがふわっと広がる。故郷への敬愛の気持ちを込めた一皿。

福岡県産真牡蠣のムニエル　ハーブの焦がしバター

材料
真牡蠣…1粒
小麦粉…適量
グラニュー糖…適量
アスパラガス…1本
おかひじき…適量
にんにくオイル…適量
バター…適量
塩…適量
オリーブオイル…適量
焦がしバターソース…適量※
エストラゴン…適量
セルフィーユ…適量
フヌイユの花…適量
アサリのジュの泡…適量※

※焦がしバターソース
材料
バター…50g
レモン汁…5g
ハーブピューレ
┌ パセリ…50g
│ エストラゴン…20g
│ ディル…20g
│ バジル…20g
│ ミント…20g
└ セルフィーユ…2g
ハーブ（アッシェ）
┌ パセリ…1g
│ エストラゴン…1g
│ ディル…1g
└ セルフィーユ…1g
塩…適量
1 フライパンにバターを入れて熱し焦がしバターをつくる
2 レモン汁を加える。
3 ハーブピューレを加えて混ぜる。
4 アッシェしたハーブを加えて最後に塩で味を整える。

※アサリのジュの泡
アサリ…300g
トマト…1/4
にんにく…1ケ
白ワイン…少々
水…適量
ソーサ シュクロエミュル…適量
1 砂出ししたアサリを小鍋に入れて、材料と一緒に火にかける。アサリからダシが出たら火からおろす。
2 ボウルに入れてシュクロエミュルを加えて、ブレンダーで泡をつくる。

作り方
1 おかひじきは半量をバットに並べて、オーブン100℃で5時間かけて、乾燥させる。アスパラガスは、縦にピーラーでスライスする。フライパンを熱し、バターでおかひじきの半量とアスパラガスをソテーする。

2 真牡蠣に小麦粉をまぶし、フライパンにオリーブオイルをひいて焼く。途中で、グラニュー糖をふりかけて焼く。表面がふっくらカリっとするまで焼く。にんにくオイルとバターで香りをつけて、最後に塩で味を整える。

〈盛り付け〉
1 皿に牡蠣を盛り付ける。
2 皿に焦がしバターソースをひく。
3 アスパラガスをリボン状に盛り付ける。おかひじきを盛り付ける。
4 エストラゴン、セルフィーユ、フヌイユの花を添える。
5 アサリのジュの泡を盛り付ける。

焦がしバターソース

蝦夷鹿 シンシンのロースト
37年もののローズマリーの香り ソース シヴェ

蝦夷鹿には37年もののローズマリーを添えてやさしいスモーキーな香りをまとせた。キャラメリゼした佐渡産黒いちじくと共に盛り付ける。鹿には鉄分が多いので火を入れすぎるとレバーぽくなってしまうので、ギリギリの温度で。艶やかでキメ細かくしっとりとしつつ噛み応えがあり弾力ある食感にしジューシーに。鹿のだしと豚の血でリエしたクラシカルなソースと、ロックフォールのソースの2種でいただく。滑らかな舌触りと口どけと青カビならではのピリリとした刺激とバターのような濃厚なコクと風味、塩味が凝縮した旨味に絶妙にマッチする。酸味があるオキサリスは枝ごと素揚げしてアクセントに加えた。ジビエの力強さを前面に出すのではなく、高度なテクニックで洗練された味に仕上げた。

蝦夷鹿 シンシンのロースト
37年もののローズマリーの香り ソース シヴェ

材料

鹿肉（しんしん）…2人前 200g
EXVオリーブオイル
塩・胡椒…適量
ローズマリー…2枝
ジュニパーベリー…適量
黒胡椒…適量
塩…適量
ソースシヴェ…適量 ※
ルビープチオニオン…3〜4個
ジロール茸…3〜4個
バター…適量
ロックフォールのソース…適量 ※
いちぢく…1/2個
ジュニパーベリーと胡椒のパウダー
　　…適量 ※
カソナード…適量
オキサリス…適量
ローズマリーの枝…1本

※ソースシヴェ
鹿肉の筋…3kgに対して
赤ワイン…1本
ルビーポルト酒…1/2本
ミルポワ
┌ニンジン…1本
│セロリ…1本
│玉ネギ…2個
└エシャロット…1個
フォンドボー…1ℓ
水…2ℓ
赤ワインビネガー…5cc
コニャック…10cc
赤ワイン…200cc
ポルト酒…100cc
豚の血…20cc
ジュニパーベリーと胡椒のパウダー…適量 ※
バター…適量

1 ソースベース（フォン・ド・シュヴルイユ）を作る。鹿の筋とミルポワを赤ワインに一晩漬け込む。
2 水気を切り、鹿の筋を焼く。
3 ミルポワを焼き、ダシをとる。
4 フォンドボーを加えて3時間煮込む。パッセして1/2の量まで煮詰める。
5 別鍋に赤ワインビネガー、コニャックを入れて煮詰める。
6 赤ワイン2:ポルト酒1の割合で加えて、ミロワール状にまでつめる。ソースベースを加えて煮詰める。
7 ソースの濃度になったら、豚の血でつなぐ。ジュニパーベリーと胡椒のパウダーで味を整える。（バターを加えるときは加える）
8 パッセする。

※ロックフォールのソース
材料
ロックフォール…27g
生クリーム…200g
蜂蜜…小さじ1
1 ロックフォール、生クリーム、蜂蜜を鍋に入れて軽く沸かす。よく混ぜる。

※ジュニパーベリーと胡椒のパウダー
1 ジュニパーベリーと胡椒をミルサーで細かくする。

作り方

1 鍋に、EXVオリーブオイル、塩・胡椒、ローズマリー、ジュニパーベリー、黒胡椒を入れて、その中に鹿肉を漬け込むように入れてオイルバスにする。2200℃のオーブンに1分火入れをする。

2 オーブンから出して、鹿肉をひっくり返す。3分休ませる。

3 再度、オーブンに入れて1分火入れをする。オーブンから出して、鹿肉をひっくり返す。3分休ませる。の動作を10回位繰り返して、ゆっくりと火入れをする。鍋の温度で火を入れていく50℃〜56℃くらいになり、66℃までなったら鍋から鹿肉を出す。

4 グリルパンで鹿肉の表面を焼く。2〜3分寝かせる。

5 オキサリスは半量を素揚げする。いちぢくは半分にカットして、カソナードをまぶしてバーナーであぶる。ルビープチオニオンとジロール茸はバターソテーする。

〈盛り付け〉

1 皿に鹿肉を盛り付ける。肉に塩をふる。

2 皿の淵に胡椒をおく。ソースシヴェをひく。

3 いちぢくを盛り付ける。ルビープチオニオンとジロール茸を盛り付ける。

4 ローズマリーの枝、揚げたオキサリスを盛り付ける。

5 ロックフォールのソースをひく。オキサリスを添える。ジュニパーベリーと胡椒のパウダーを散らす。

減圧加熱調理器を使った魅力料理

減圧加熱調理器の特徴

減　圧

食材を入れた庫内の気圧を下げると、食材内部の空気が膨張する。庫内を大気圧に戻すと、膨張した内部の空気が収縮して元に戻る。この、収縮して戻るとき、食材のまわりに調味液があれば、それが食材の内部に浸透する。調味液でなく水なら水分が浸透する。食材のまわりが空気なら、減圧して食材内部の空気が膨張⇔大気圧に戻すの繰り返しで、食材の水分を抜く働きもできる。

真空包装での浸透効果の違いは、減圧調理器は、卵黄などの柔らかい食材もつぶさずに味を浸透させ、低温で加熱もできること。

食材に浸透液を浸透させる
●マリネ、コンポートを短時間で仕上げることができる。
●食材に下味を均等に付けることができる。

食材に水分を浸透させる
●乾物をきれいに、短時間で戻すことができる。

食材の水分を抜くのに活用できる
●ドライフルーツ、ビーフジャーキーづくりに活用できる。
●食材の臭み抜きに利用できる。

減圧＋加熱

減圧することで、沸点が下がる。なので、長く加熱しても過加熱にならない。減圧して加熱することで、食材にダメージを与えないで味をしみこませることができる。低温での減圧加熱では、その食材の生のような食感を残しながら、味は加熱調理したときのように中までしっかり入っているという、これまでにない新しい食感、驚きのある味わいをつくり出せる。

新しい味わいに調理できる
●加熱するとパサパサになりやすい鶏肉、白身魚をしっとり調理できる。
●野菜、フルーツの色を鮮やかに調理できる。
●ビタミンなどの熱に弱い栄養素を損なわないで調理できる。

虎峰
コホウ

山本 雅
シェフ

減圧加熱調理器を活用して、
新しい味わい、仕上がりに挑戦

　四川料理を中心とし、そこに和食やフレンチの要素も取り入れた少量多皿構成の『虎峰』。シェフのおまかせコースのみで、コースでは、20〜30皿もの料理が提供される。料理に合わせ、お酒、中国茶、お水の新たなペアリングスタイルも話題。

　「コースでの味の構成を、軽いものから始まり最後にしっかりとした味の物を持ってくることに気をつけています。いろいろなジャンルの食材調理法を取り入れて、四季の旬の食材を活かす料理に仕上げる様に心掛けています」と山本シェフ。

　減圧加熱調理器はオープン時から取り入れていて、主に下処理に使用。乾物を短時間にきれいに戻すのにも同機器を活用している。また、より素材に味を染み込ませ、旨味を引き出すことができるので、フォアグラを中華風の味わいに仕上げたり、中国料理の伝統を踏襲した上で新たな料理に挑戦している。

虎峰
―――――――
コホウ

住所／東京都港区六本木3-8-7 PALビル 1F
電話／03-3478-7441
営業時間／17:00〜22:00（L.O.22:00）
定休日／日曜日
http://www.koho-roppongi.com/

小ポーションながら、鶏の旨味を
しっかりと味わえる深みを実現!

よだれ鶏

よだれ鶏

「よだれ鶏」の鶏ムネ肉の下処理に減圧加熱調理器を使用。鶏ムネ肉を塩と太白胡麻油でマリネして一晩置いた鶏ムネ肉を減圧加熱する。合わせた自家製ソースには、独自の配合で黒酢、長州ラー油、甜醤油などに多種の材料の複雑な配合で味わいに深みがあるものに。花椒油もブレンドし、鼻を抜けるようなさわやかで刺激的な柑橘系の香りと、しびれる辛味が料理の旨味をより一層引き立てている。

材料（仕込み量）

鶏ムネ肉
塩…適量（鶏肉の重量の約2%）
トレハロース…適量
大白ごま油…適量
自家製ソース※…適量
自家製ラー油…適量
松の実…適量
ピーナッツ…2個
白ごま…適量
三つ葉…適量

※自家製ソース
材料
a
┌ 砂糖…60g
│ 醤油…60g
│ 水…100g
│ にんにくみじん切り…5g
│ 生姜みじん切り…5g
│ 辣椒醤（ラージャオジャン）…90g
│ 酢…15g
│ 黒酢…20g
│ 長州ラー油…45g
│ 甜醤油（テンジャンヨウ）…44g
│ ラー粉（自家製ラー油を作るときにでる粉）
└　　…10g
胡麻油…200g
ラー油…30g
花椒油…30g

1 胡麻油、ラー油、花椒油をボウルに入れ合わせておく。
2 aを混ぜ合わせる。

作り方

1 鶏ムネ肉に塩をうつ。皮の方を強めに塩をうつ。

2 続いてトレハロース、大白ごま油を鶏肉にぬり、真空包装して冷蔵庫で1日マリネする。

3 マリネした2は、冷蔵庫から出して常温で1時間おく。

4 減圧加熱調理器に入れて、59℃で1時間、減圧加熱する。

5 減圧加熱調理器から出したら氷水につける。冷めたら袋から取り出して、鶏肉をひと口大に切る。

6 皿に盛り付けて、自家製ソースと自家製ラー油をかける。松の実、ピーナッツ、白胡麻をかけて、三つ葉を添える。

減圧して加熱することで下味が中まで染み込む。また、鶏肉の繊維にしっかり味が入ることでパサつかずにしっとりと仕上がる。絶妙なやわらかさとジューシーさを併せ持つ仕上がりに。

フカヒレの歯ざわり、食感、
旨味の違いをアピールする一皿に

フカヒレの白湯煮込み

156

フカヒレの白湯煮込み

『虎峰』のスペシャリテの一つ。このフカヒレの下処理に減圧加熱調理器を使用。減圧加熱調理器で追求した、フカヒレの歯ざわり、食感と濃厚な旨味で、他店との差別化をはかった一皿。減圧加熱調理したフカヒレはバットに入れて水をはり1週間おくことで、さらに繊維が膨らんでふっくらする。このように準備したフカヒレは、オーダーごとに、白湯とねぎ油、日本酒、醤油、オイスターエキスを加えて煮込んでコクを出す。

材料(仕込み量)

フカヒレ

生姜(スライス)… 1かけ分

ねぎ(青い部分)…1本分

水…適量

紹興酒…適量

白湯※…適量

ねぎ油…適量

オイスターエキス…適量

日本酒…適量

醤油…適量

水溶き片栗粉…適量

※白湯

1 一度ボイルしたゲンコツ、背ガラ、もみじ、鶏ガラと水を寸胴鍋で炊く。

2 アクを取りながら、ずっと強火で8時間ほど炊く。(水がなくなったら水を足すを繰り返す)

白湯

作り方

1 減圧加熱調理器の鍋に水、紹興酒、ねぎ、生姜、フカヒレを入れる。80℃で1時間、減圧加熱する。

2 鍋ごと水で洗う。フカヒレの表面の白いゼラチン質のところを取って掃除する。

3 深バットにフカヒレを入れ水をはり1週間そのままつけておく。(繊維がふっくらする)

4 白湯と、ねぎ油、オイスターエキス、日本酒、醤油を加えて沸かす。

5 フカヒレを入れて温めて、水溶き片栗粉でとろみをつける。土鍋に入れて提供する。

減圧加熱調理器を使うとフカヒレの臭みが取れて短時間で下処理が可能。また、フカヒレの繊維一本一本がふっくらと仕上がり、圧力を戻す時に繊維に水分が入ることで太くきれいにあがる。

フォアグラの鮮度を保ちながら、
クセのない、なめらかな仕上がりに

フォアグラブリュレ

フォアグラブリュレ

フォアグラのブリュレの下処理に減圧加熱調理器を使用。フォアグラの臭み消しをしっかりでき、また、短時間で下処理できるのでフォアグラの鮮度を保って完成まで持っていける利点もある。調理して一口大にカットしたフォアグラは、提供前にカソナードをまぶし、表面をキャラメリゼに。チャイナクレープに苺、マンゴーピュレ、フォアグラのブリュレを一緒に包む。

材料(仕込み量)

フォアグラ…700g
水…適量
牛乳…適量
　(水と牛乳は1対1の割合)
マリネ液
　塩…1%(※)
　砂糖…0.5%(※)
　黒胡椒…少々
　ブランデー…3%(※)
　甘口白ワイン…5%(※)
　(※)マリネした総量に対して
カソナード…適量
イチゴ…適量
チャイナクレープ…適量
マンゴーピューレ…適量

作り方

1 フォアグラは常温に戻してから掃除する。ペティナイフで、表面の薄皮を削りとる。間の血管は手で取り除く。

2 減圧加熱調理器の鍋に1を入れる。水と牛乳を入れる。減圧加熱調理器は常温で20分、減圧する。

3 ザルにあげて、フォアグラを水でさっと洗う。布でくるみ、真空機にかけて半日置いて水分を取る。

4 水分を取ったフォアグラを裏ごしする。

5 裏漉ししたフォアグラとマリネ液を合わせて、真空包装して冷蔵庫で一晩マリネする。

6 型に5を入れて、スチームモード、50℃に設定したスチコンで加熱する。表面に脂が出てくるので、その脂を捨てながら20分ほど加熱する。

7 スチコンから出したら、冷蔵庫で冷やす。固まったらでき上り。

8 包丁を温めて、7のフォアグラを1センチ幅にカットする。さらにひと口大に切り分ける。そのままカットしたフォアグラを冷凍する。

9 フォアグラの表面にカソナードをまぶしバーナーで炙る。そのあと冷やす。

10 バットにチャイナクレープを並べて、スチームモード、97℃のスチコンで1分温める。

11 チャイナクレープにスライスしたイチゴをのせる。マンゴーピューレをかけて、9のフォアグラをのせて、たたんで形成する。皿に盛り付ける。

フォアグラブリュレ

AZUR et MASA UEKI
アズール エ マサ ウエキ

植木 将仁
シェフ

「ルーツで浮かぶ日本の素晴らしい伝統工芸や食材をここでフランス料理に昇華しています。体感して情景が頭に浮かぶような、大人のワンダーランドであれ！」と植木シェフ。

料理というフィルターを通じ、食べたとき、故郷を思い出したり懐かしい気持ちになるような料理を提供。自然環境との共存を重視し、その土地を愛してぶどう造りを行うワイナリー「AZUR WINES」のワインとのマリアージュを愉しむことができる。

日本で第1号のガストロバックは2007年から愛用していて、生のままでも味を染み込ませることができ、素材を生かしつつ旨味をさらに閉じ込めてポテンシャルを引き出せること、味わいを重層的にできるのも魅力だと語る。

野菜は、植木シェフの地元である石川・能登の自然栽培のあんがとう農園さんのもの。故郷を敬愛する気持ちは素材選びにも反映している。

植木シェフは毎回、料理の皿にテーマを付けるようにしている。今回、減圧加熱調理器を使って考案したのは、郷土料理、情景料理、伝統料理の3つのテーマでの料理。

AZUR et MASA UEKI
アズール エ マサ ウエキ
住所／東京都港区西麻布2-24-7
西麻布MAビルディング1階
電話／03-6805-1147
営業時間／17:00〜23:30（L.O.22:00）
定休日／日曜日
http://www.restaurant-azur.com/

鮎魚醤の風味をまとわせながら、
香ばしさと柔らかさをマッチさせる

~郷土料理~ 鴨のモダンJIBUNI 2017

～郷土料理～ 鴨のモダンJIBUNI 2017

植木シェフの故郷である石川県の郷土料理、加賀料理の治部煮をフランス料理にアレンジ。減圧加熱調理器を使うと、素材そのものの持ち味を生き生きと生かし、重層的な味わいを下味でつけることができる。きれいな筑後川の上流で育った鮎の魚醤は香りを引きたて、旨味を引き出す。この鮎魚醤と鴨ブイヨンとソーテルヌを混ぜた汁に、鴨を浸し減圧加熱調理器にかける。まずは鴨にそば粉をまぶし、墨オイルをひいてソテーしたあと、汁に浸し、40℃で減圧加熱を20分する。圧を戻して5分、また減圧して圧を戻す。この「減圧→戻す」を5～6回繰り返す。鴨肉は、ほわほわに柔らかくなる。ガルニのしいたけとすだれふも同様に低温で減圧調理する。減圧調理した鴨は藁焼きに。「香りや古典的なものも大切。デジタルのあとはアナログな調理法で、最後に人の手でしめることが大切だ」と植木シェフは言う。

材料

マグレ鴨…200g
漬け汁※…適量
そば粉…適量
炭オイル…適量
藁…適量
わさび…適量
春菊マイクロリーフ…適量
すだれふ…適量
しいたけ…1個

※漬け汁
材料
鴨のガラ…1kg
玉ねぎ…300g
人参…200g
セロリ…150g
水…3ℓ
鮎魚醤…100ml
ソーテルヌ…100ml

1 鴨のブイヨンを作る。鴨のガラ、玉ねぎ、人参、セロリ、水を寸胴鍋に入れて、4～5時間弱火で煮込む。
2 煮込んだ1を濾して、鍋に戻し2/3の量になるまで煮詰める。
3 鮎魚醤、ソーテルヌを2に加えて混ぜ合わせる。

※人参エスプーマ
材料
人参ピューレ…50g
生クリーム…20ml
卵白…1個分
塩、胡椒…適量

1 生クリームと卵白を泡立てる。
2 人参ピューレを1に加えて、合わせる。塩、胡椒で味を調える。
3 エスプーマに入れる。

作り方

1 鴨を掃除する。皮目に格子状に切り目を入れる。バットにそば粉をひき、皮目だけそば粉を付ける。

2 鉄板を温めて、クッキングシートをひいた上に炭オイルをひく。鴨の皮目を下にして焼く。鴨から脂が出てくるので、クッキングペーパーで取りながら焼き目が付くまで焼く。

3 減圧加熱調理器に漬け汁を入れて、2の鴨を入れる。40℃にセットし、20分減圧加熱する。

4 圧を戻して5分おく。

5 同様に、3の減圧加熱、5の圧を戻すを、5～6回繰り返す。

6 椎茸とすだれふも減圧加熱調理器で加熱する。

7 ガストロバックから鴨を取り出す。藁をセットした中華鍋に、鴨を入れて2～3分藁焼きにして香りをまとわせる。

8 鉄板にクッキングシートをひき、炭オイルをひき、7の鴨の皮目を焼く。

9 ガストロバックから出した野菜は小鍋に移して、温める。

10 鴨肉をカットする。皿に、しいたけを盛り付ける。すだれふを盛り付ける。

11 肉を盛り付ける。わさびを添える。マイクロ春菊を添える。

12 人参エスプーマを絞り出す。大根の花芽、フェンネルの花を添える。

漬け汁に入れた状態で減圧加熱調理器に入れて、「減圧→圧を戻す」を5～6回繰り返す。

〜伝統料理〜 ロッシーニ 2017

～伝統料理～ ロッシーニ2017

フランス料理の伝統料理である「牛ヒレのロッシーニ」を減圧加熱調理バージョンで。通称「ロッシーニ風」と呼ばれる料理は、フォアグラとトリュフを贅沢に組み合わせたもの。ソースマデールは、フォンドヴォーがベースの濃厚なソースにマディラ酒を加え、ペリゴール名産のトリュフを加えた香り高いソース。フォアグラはソミュール液で浸けて、80℃で芯温58℃に設定したスチコンでコンフィに。ソースマデールを作り浸け汁にし、牛ヒレ肉を減圧加熱調理器で40℃に設定して20分。圧を戻して5分おく。「減圧→圧を戻す」の作業を5回繰り返し、じっくりと素材に味をしみ込ませる。減圧調理した牛ヒレ肉は、藁で香りをまとわせ鉄板で焼く。薫香から水田の情景が浮かぶように藁の素材にもこだわる。フォアグラコンフィは粉砂糖をまぶしキャラメリゼに。郷土料理、伝統料理への造詣が深い植木シェフならではの料理に仕立てた。

材料

牛ヒレ肉…100g
フォアグラのコンフィ※…適量
グラニュー糖…適量
ソースマデール※…適量
トリュフ…適量
藁(藁焼き用)…適量
サラダ油…適量
能登の焼き塩…適量

※フォアグラのコンフィ
材料
フォアグラ…適量
水…1ℓ
塩…75g
砂糖…40g
タイム…少々

1 掃除したフォアグラを、ソミュール液に浸けて1日おく。
2 バットに入れたフォアグラを、スチームモード、80℃・芯温58℃に設定したスチコンで加熱する。
3 スチコンから出したフォアグラを冷まして20gにカットする。

※ソースマデール
材料
フォンドボー…200ml
マデラ酒…70ml
トリュフオイル…適量
塩…適量
胡椒…適量

1 鍋にマデラ酒を入れて煮詰めて1/4の量になったら、フォンドボーを加えて2/3になるまで煮詰める。
2 塩、胡椒で味を調える。
3 トリュフオイルをかける。

作り方

1 ソースマデールに漬けた牛ヒレ肉を減圧加熱調理器に入れて、40℃に設定して20分減圧加熱する。

2 圧を戻して5分おく。

3 1の減圧加熱と、2の圧を戻す行程を5回繰り返す。

4 減圧加熱調理器から出した牛ヒレ肉を藁焼きにして香りをまとわせる。

5 鉄板にクッキングシートをしいてオイルをひき 肉の表面を焼く。

6 肉を50gにカットして、焼き塩をふりかける。

7 フォアグラのコンフィの表面にグラニュー糖をふり、バーナーで炙りキャラメリゼする。

8 皿に肉を盛り付ける。フォアグラのコンフィを盛り付ける。トリュフを削る。

牛肉はマリネした状態で、減圧加熱調理器に入れ、「減圧→圧を戻す」を5回繰り返す。

しっとりとした食感は残し、
鰆にほどよく味を浸透させる

〜情景料理〜　荒波を乗り越えて

故郷・能登をイメージし、「情景料理」をテーマにした一皿。昆布だしに人参、玉ねぎも加え、漬け汁にし鰆を入れて減圧加熱調理器を20℃に設定して10分減圧。圧を戻し2分おく。この「減圧→圧を戻す」を7回繰り返して味を染み込ませる。鰆は浸透が早いので注意する。野菜は25℃に設定した減圧加熱調理器にかける。減圧調理した鰆は、鉄板で皮目だけパリッと焼いたあと、水気をふき、真空包装してススチコンで加熱。皮目をサクッと、身はほわっと、しっとりと仕上げたいので皮目だけにバターを塗り、最後は鉄板で焼く。有田焼のカマチ陶舗でオーダーした器は、4回釉薬をかけ深い藍色にし富山湾をイメージ。器を深海に見立てて、そこから上がってくる鰆、一緒に泳いでいる白エビを皿の上で表現。食物連鎖がしっかりしている土壌で川畑さんが育てる加賀蓮根、あんがとう農園さんのカラフルトマト。全て能登産のものを合わせた一皿から、能登の情景が頭に浮かぶように仕立てた。

材料

鰆…100g
フュメ・ド・ポワソン…適量
漬け汁※…適量
ブールブランソース※…適量
白エビ…適量
ブール・クラリフィエ…適量
塩…適量
アメリケーヌの泡※…適量
カラフルトマト…適量
加賀蓮根…適量
大根の花芽…適量
紫菜の花…適量
パクチーの花…適量

※漬け汁
材料
塩…0.03%（※）
砂糖…0.015%（※）
水…1ℓ
昆布…10cm
玉ねぎ…20g
人参…20g
（※）鰆の重量に対する分量

※ブイヨンド・レギューム
材料
アサリ…1kg
白ワイン…150ml
エシャロット（みじん切り）…100g
ガラムマサラ…15g
ギバサ…適量
バター…適量

1 ブイヨンド・レギューム、アサリ、白ワイン、エシャロットみじん切り、ガラムマサラを小鍋に入れて、ひと煮たちさせる。1/3〜1/4になるまでゆっくりと煮詰める。
2 1を漉す。漉した液体に対して同量のバターを加えて小鍋に移し、混ぜ合わせて火にかける。
3 ゆがいたギバサを加えて混ぜて温める。

※アメリケーヌの泡
材料
白エビの殻…適量
生クリーム…適量
レシチン…適量

1 白エビの殻からジュをとる。
2 小鍋に移し、生クリームを加えて混ぜ合わせる。
3 レシチンを加えてハンドブレンダーで泡を立てる。

作り方

1 カラフルトマトは湯剥きして半分にカットする。蓮根はスライサーで薄くスライスして、フュメ・ド・ポワソンで炊く。

2 減圧加熱調理器に漬け汁に入れ、鰆を入れて、20℃で10分減圧加熱する。

3 圧を戻して2分おく。

4 減圧加熱の2と、圧を戻す3を、7回繰り返す。

6 水気をふき、2人前ずつ真空包装する。

7 スチームモード、52℃のスチコンで12分加熱する。

8 ガルニチュールのカラフルトマトと蓮根も52℃のスチコンに入れて温める。

9 鰆をスチコンから出して、皮目にバターを塗る。クッキングシートを敷いた鉄板で再度、焼く。

10 鉄板に、ブール・クラリフィエをひき、白エビをソテーする。同時に、ブールブランソースを温めて、アメリケーヌの泡をつくる。

11 皿に、ブールブランソースをひく。カラフルトマトと蓮根を盛り付ける。

12 鰆、アメリケーヌの泡、白エビの順に盛り付けて、大根の花芽、紫菜の花、パクチーの花を添える。

減圧加熱調理器に鰆と漬け汁を入れ、低温で「減圧→圧を戻す」を7回繰り返す。

TERAKOYA
テラコヤ

間 光男
オーナーシェフ

間シェフは、1954年創業のレストラン『TERAKOYA』の3代目。国内外で開催される料理学会に日本代表として招聘されるなど、幅広く活躍している。独自の料理理論を持ち、創作数は3,000を超えるばかりでなく、減圧加熱調理器（ヴィードプロ）の研究開発にもたずさわり、いろいろな調理活用に挑戦してきた。

メインになる魚、肉の調理にだけでなく、ガルニチュールを減圧加熱調理器で調理したり、ソースづくりに活用したり、幅広く活用している。それらを組み合わせて、従来の調理器具では出せない、新しい食感、新しい風味、新しい味わいを一皿に表現している。低温で味をしみこませることができるので、減圧加熱調理器には、まだまだ様々な可能性があると注目している。

減圧加熱調理器の可能性を様々な角度から探究し、未知の味わいを開発中

TERAKOYA
テラコヤ

住所／東京都小金井市前原町3-33-32
電話／042-381-1101
営業時間／ランチ 12:00〜15:00
　　　　　ディナー 18:00〜23:00
定休日／毎週月曜日・毎月第1火曜日
※月曜日が祝日の場合、翌日に変更あり
http://www.res-terakoya.co.jp

牛フィレと合わせる野菜、卵黄を
それぞれに減圧加熱調理して仕上げる

牛フィレのミ・キュイ、バイオピクシー卵の卵黄ソース、
トリュフとカラフル野菜のマリネ添え

牛フィレのミ・キュイ、バイオピクシー卵の卵黄ソース、トリュフと冷製カラフル野菜のマリネ添え

コースの2皿目に出す冷製オードブル。牛フィレ肉は、使う減圧加熱調理器のウォーターバス機能を利用して一定温度で加熱。薄切りにした野菜は、減圧常温調理で短時間で浅漬けに。卵黄は、肉醤などのソミュールに漬けて減圧加熱器にかけて味を中まで入れる。スポイトで添えるトリュフオイルを垂らして味わっていただく。

材料

牛フィレ…適量
焼塩…牛肉の重量の1.3%
トレハロース…重量の0.5%
黒胡椒…適量
ビーツ…適量
紅芯大根…適量
黄人参…適量
人参…適量
紫人参…適量
カザフ大根…適量
カブ…適量
マリネ調味液※…適量
バイオピクシー卵の卵黄…1個
卵黄含浸用調味液※…適量
サマートリュフ…適量
トリュフオイル…適量
レッドアマランサス…2枚
ヤロウ…適量

※マリネ調味液

材料
水…300g
昆布粉末…3g
レフォール…3g
白醤油…3g
トレハロース…1.5g
焼塩…5g
白粉末胡椒…2d

1 全ての材料を合わせて溶かす。
2 漉してパルプ(繊維質)を取り除く。

※卵黄含浸用調味料

材料
コンソメ…200g
肉醤…5g
ぬちまーす…適量
サラワク産黒粒胡椒…5粒分

1 コンソメは半分量になるまで煮詰める。
2 1に各調味料を入れて良く混ぜ合わせる。

作り方

1 牛フィレは肉の重量の1.3%の焼塩、0.5%のトレハロース、黒胡椒を擦り込み、真空包装して2日間マリネしておく。

2 マリネした後に真空包装のまま、53℃のウォーターバスで60分間、加熱する。

3 ウォーターバスから出したらすぐに冷却し、適宜スライスする。

4 根菜瞬間浅漬けを作る。1mmにスライスした根菜を適宜丸く抜き、種類別に調味液に漬ける。減圧加熱調理器を20℃で5分を5回、含浸モードにかける。脱気し、短時間的に調味液を含浸させ、浅漬けにする。

5 バイオピクシー卵の卵黄を卵黄含浸用調味液に漬け、減圧加熱調理器を40℃で5分を5回に設定して減圧調理する。取り出したら調味液に漬けたまま、冷蔵庫で(5℃迄)冷やしてから料理に使用する。

6 サマートリュフを薄くスライスしてセルクルで丸く抜く。

7 皿の窪みに調味液を含浸させた5の卵黄を盛り、その脇に3の牛フィレを盛り付ける。

8 根菜の瞬間浅漬けとサマートリュフをカラフルに並べる。

9 レッドアマランサス、ヤロウ(ノコギリ草)をあしらう。

10 トリュフオイルをスポイトに入れ、皿に添える。

添えるトリュフオイルを一滴たらすだけで、香りとともに卵黄のコクも変化する。この味のしみ込んだ卵黄そのものがソースになる。

牛フィレは1.3%の焼塩、0.5%のトレハロース、黒胡椒を擦り込み、真空包装してマリネ。それを減圧加熱調理器のウォーターバス機能で53℃で加熱する。

ビーツ・紅芯大根・黄人参・人参・紫人参・ビタミン大根・カブをスライスして丸抜きし、調味液に付けて減圧加熱調理器にかけて脱気し、瞬間的に調味液を含浸させ、浅漬けにする。

まるで半生のような食感を残しつつ、鮎が口の中でほぐれていく火入れを実現

蓼オイルの中で減圧コンフィにした若鮎、
うるか風味の白濁ソース、沢蟹と四万十川海苔を添えて

蓼オイルの中で減圧コンフィにした若鮎、
うるか風味の白濁ソース、沢蟹と四万十川海苔を添えて

鮎蓼はフリーズドライしたものを茶の実油と合わせ、マリネした鮎の身とともに52℃で減圧加熱して、
半生のようで、口に含むとほぐれていき、鮎蓼の風味がふわっと広がる。鮎の骨は、65℃てせ減圧加熱
してコロイド状のフォンにしてソースに。パーツごとに減圧加熱調理器を使い分けて個性を高めた。

材料

鮎…1尾
塩…鮎の重量の1%
鮎魚醤…適量
鮎蓼…適量
茶の実油…適量
四万十川海苔…適量
ベニエ粉…適量
鮎の白濁フォン※…適量
鮎の白濁ソース※…適量
沢蟹の素揚げ※…1匹
オブラート…1枚

※鮎の白濁フォン

材料
米油…15g
長ねぎ(白い部分)…50g
玉ねぎ…50g
セロリ…40g
白粒胡椒…8粒
ローリエ…1枚
米酢…5g
白醤油…3g
水…600g
日本酒…60g
鮎のアラ…150g

1 長ねぎ、玉ねぎ、セロリをみじん切りにして
　米油で炒める。ローリエ・粒胡椒を加える。
　色を付けずに、野菜の甘味を引き出すように
　長めに加熱する。
2 米酢を入れて、水分が蒸発するまでソテー
　する。
3 白醤油を入れて(焦がさないように)水を注い
　で沸騰させ、アクを引く。
4 10分間弱、沸騰させて野菜の旨味を煮出す。
　(野菜のフォンを先に作るイメージ)
5 減圧加熱調理器に移して、鮎の頭と骨、日
　本酒を加える。
6 60で5分、6回減圧加熱する。
7 漉してフォンのでき上がり。

※鮎の白濁ソース

白濁フォン…200g
鮎白うるか…20g
MEIJIトロメイク…2.5g
無塩バター…20g
白胡椒…少々
黒胡椒…微量
鮎魚醤…2.5g
焼塩…適量

1 白うるかを水にさらして脱塩する。白濁フォ
　ンをブレンダーに入れて、脱塩した白うるか
　を入れて滑らかに回す。
2 トロメイクを混ぜて鍋に移し、弱沸騰まで温
　度を上げる。
3 バターでモンテする。
4 鮎魚醤、焼塩、白・黒粉末胡椒で味を調える。

※沢蟹の素揚げ

材料
沢蟹…敵利用
薄口醤油…適量
砂糖…適量
水あめ…適量
ローリエ…適量
白粒胡椒…適量
フレンチブランデー…適量
オブラート…1枚

1 沢蟹は流水で泥を吐かせる。
2 水、薄口醤油、砂糖、水あめ、ローリエ、
　白粒胡椒、フレンチブランデーで作った煮汁
　で沢蟹を20分ほど炊く。
3 一晩煮汁の中で休ませてから、油で素揚げ
　にする。

作り方

1 鮎を3枚におろし、鮎の重量の1%の塩
　と鮎魚醤(まるはら製)を一刷毛塗って、
　一日置く。

2 鮎蓼は凍結乾燥機に入れてフリーズド
　ライ加工し、ミルミキサーで挽き、粉末
　にしておく。

3 蓼粉末を茶の実油に溶かし、ボウルに鮎
　切身を入れて52℃の設定で3分の減圧
　を4回し、加熱と含浸をさせる。

4 鮎の中骨を中温の油でじっくり素揚げ
　して塩を振る。

5 乾燥四万十川海苔を30秒ほど水で戻
　し、ベニエ粉を混ぜて、油で揚げる。

6 オブラートをカットして低温で透明に揚
　げる。

7 沢蟹の素揚げなど、皿に盛り付け、鮎
　蓼粉末を茶漉しで振りかける。

フリーズドライ加工した鮎蓼を粉末
にして、茶の実油に溶かし、マリネ
した鮎切身を入れて52℃で3分の減
圧加熱を4回し、加熱と含浸をさせる。

生のような、ねっとりとした食感と
焼いた風味を同居させる調理法を

北海縞エビのクリュに焼海老のエッセンスを含浸させて、
レモンリーフのフィルムとココナッツ風味のソース・アメリケーヌ添え

北海縞エビのクリュに焼海老のエッセンスを含浸させて、レモンリーフのフィルムとココナッツ風味のソース・アメリケーヌ添え

減圧加熱により、焼いたエビの風味をコンソメに移し、その中で生のエビを、減圧加熱調理する。身は焼エビの香ばしさをまとい、かつ味が中まで入り込んでいる。減圧調理のマッサージ効果により、"洗い"のようなハリのある食感となる。レモンの木の葉を刻んで減圧加熱した水をシート状にしたもの、コンソメジュレを減圧加熱してしみこませたズイキの薄切り、ココナッツ風味のアメリケーヌソースを添える。

材料

焼きエビのフォン
- エビの頭…10尾分
- 2番コンソメ…400ml
- 塩… 適量

レモンフィルム

レモンの葉…5枚（ジュリエンヌ）

レモンのスライス…2枚

水…400ml

トレハロース…3g

SOSAエラステック…14g

ココナッツアメリケーヌソース※

ズイキのジュレ
- ズイキ…1本（5mmにスライス）
- コンソメ…200g
- ポワブル・ソバージュ…5粒
- ゼラチン…6g

縞エビ…1匹

レモンの葉…適量

ドライアイス…適量

※ココナッツ・アメリケーヌのソース

ソース・アメリケーヌ・ベース…200g
※オマールの殻で取る

ココナッツピュレ（無糖）…40g

アンテスタン・ドマール…10g

アンチョヴィペースト…0.5g

ケチャップマニス（インドネシア産黒豆ソース）…2g

カビ（シュリンプペースト）… 0.6g

パプリカ粉末…0.5g

コリアンドル粉末…3d

黒粉末胡椒…2d

白粉末胡椒…2d

カロチーノオイル…1.5g

MEIJIトロメイク…2g

塩…適量

1. 鍋にアメリケーヌとココナッツを入れて加熱する。
2. アンテスタン・ドマールを入れて、アンテスタンに火が入る迄加熱する。
3. 加熱を止め、上記素材のアンチョヴィ～白胡椒まで加える。
4. ブレンダーに移し、トロメイクでリエし、カロチーノでモンテする。
5. 必要なら塩で味を整えて冷やし、チューブに入れて密封する。

作り方

1. エビの頭をオーブンで乾燥焼きにする。コンソメ2番の中に入れ、65℃で5分×6回減圧加熱、その後、漉してから塩で強めに味を調え、冷却しておく。（焼エビのフォン）

2. 庭のレモンの葉、レモンのスライス、水をヴィードプロに入れ、65℃で4分×5回減圧してアンフュゼする。

3. 漉してトレハロースで味を調える。SOSAエラスティックを加えて加熱し、薄くシート状に流して冷やし固める。

4. ズイキの皮を剥き、スライスする。コンソメにポワブル・ソバージュを入れてアンフュゼし、ゼラチンを溶かす

5. その中にズイキを入れて30℃で2分×4回含浸させ、バットに取って冷やし固める。

6. 活きた縞エビの殻をむき、焼エビのフォンの中で、15℃で4分×4回減圧処理して、"洗い"にする。

7. "洗い"にした縞エビを盛り、焼エビのフォンを少量注ぐ、レモンのフィルムをのせてズイキジュレを盛り、ココナッツアメリケーヌ・ソースのチューブを添える。

8. 柑橘の爽やかな香りと共に食べていただきたいので、器の下部分にドライアイスとレモンの葉のジュリエンヌを置き、ぬるま湯を注いで香りを立たせる。

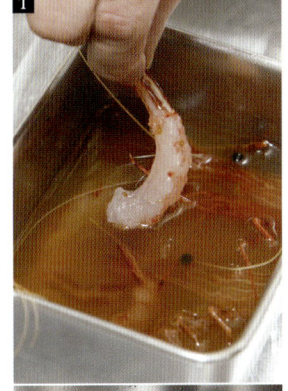

活きた縞エビの殻をむき、焼エビのフォンの中で、15℃で4分の減圧調理を4回する。減圧状態で死後硬直を速めて"洗い"のような状態にする。

ココナッツ風味のアメリケーヌソースはチューブに入れて添え、遊び心のある提供法をする。

探究するシェフ
～美味への創造力と情熱～

発行日　2017年10月30日　初版発行

編　者　旭屋出版編集部編（あさひやしゅっぱん へんしゅうぶ へん）
発行者　早嶋 茂
制作者　永瀬正人
発行所　株式会社旭屋出版
　　　　東京都港区赤坂1-7-19 キャピタル赤坂ビル8階　〒107-0052
　　　　電話　03-3560-9065（販売）
　　　　　　　03-3560-9066（編集）
　　　　FAX　03-3560-9071（販売）

　　　　旭屋出版ホームページ　http://www.asahiya-jp.com

　　　　郵便振替　00150-1-19572

●編集　　井上久尚
●デザイン　冨川幸雄（Studio Freeway）
●取材　　岡本ひとみ　三神さやか
●撮影　　後藤弘行　曽我浩一郎（旭屋出版）　川井裕一郎　野辺竜馬

印刷・製本　株式会社シナノ

ISBN978-4-7511-1306-6　C 2077